大展好書 好書大展

大展好書 好書大展

趣味心理講座 3

性格測驗③

發現陌生的自己

淺野八郎／著
李 玉 瓊／譯

大展出版社有限公司

前　言——解開您心中之謎

似乎瞭若指掌卻又意外地捉摸不定的，就是我們每個人本身的性格。您是否曾經有過某天突然對自己目前的生活感到不安的經驗呢？是否覺得單調刻板的日子令人厭煩而渴望得到遠方逍遙遊呢？

不過，這種憂鬱的情緒可能隨即又因為某事而變興奮不已，高興得忍不住跳躍起來。

「我的真正性格到底如何呢？」

「我是正常的？或者是突變種？」

「受異性喜歡？或惹人厭？」

「理財觀念如何？」

……本書乃基於心理學的立場一針見血地回答您心中的這些疑惑。藉由解答本書所網羅的衆多有趣的測驗題而探討人心的奧妙。讀者們若能閱讀本書必可發現未曾謀面的另一個自己。

目錄

第二章　分析深層心理——性格測驗

第三章　認識性慾望——性測驗

第四章　開發智能——能力測驗

第五章　判斷將來性——適性測驗

第一章

鍛鍊直覺力
靈感測驗

您具備敏銳的觀察力、注意力、推理力嗎？自信絕對不會受騙上當嗎？您判斷事物時是否會受囿於固有觀念的束縛呢？您的靈感閃動得快嗎？每天茫無頭緒、漠不關心地混日子的人可要特別注意囉！

問1　咦？似乎曾在某處看過？

請看下面的圖形。您不覺得彷彿在某處看過類似的圖形嗎？莫非您一點印象都沒有？這到底是什麼圖形？

答1　非洲大陸

請換個角度來看吧。您瞧，這麼一擺不就一目瞭然了。這是非洲大陸的圖影。

〈解說〉

平常司空見慣的圖形只要改變一下角度可能就變得未曾相識而搞不清楚是什麼東西。可見人的知覺根本靠不住。

無法解開這個圖形問題之謎的您，請務必養成「試著懷疑」自己本身的知覺的習性，同時，建議您能多少改變視點來觀看事物。

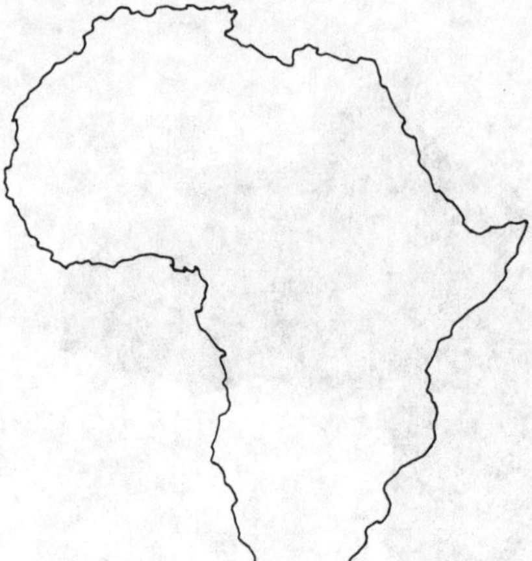

●有益的應用問題

左邊的圖形是日本著名的「島嶼」的圖影。請猜猜看各是什麼島。（答在次頁）

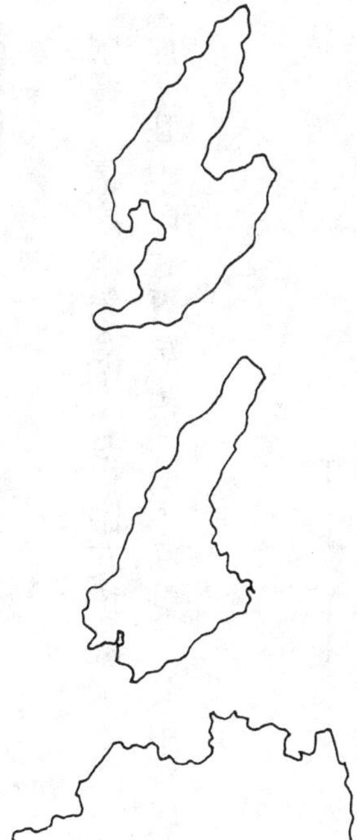

問2　奇怪的眼鏡

請瞧左頁的眼鏡。這副眼鏡令人看得眼花撩亂，不過，請仔細看看這副眼鏡的左右鏡片，其中隱藏著決定性的不同點。其中到底有何玄機？請立即作答。

〈有益的應用問題的解答〉

如果這種程度的問題也解不開時，您的直覺力也太遜了。請您鍛鍊一下觀察周遭事物的眼力。

⑴佐渡島　⑵淡路島　⑶雖稱為島卻是「福島」的地圖。

第一章　鍛鍊直覺力——靈感測驗

答2 右邊的鏡片是用一條、左邊是用兩條線所描繪

〈解說〉

這是閔斯基和巴貝特兩位心理學家所考察出來的圖形。乍看之下並不知所以，然而只要用指頭順著線條描繪就可迎刃而解。從正面看的右邊鏡片是用一條線所描繪，而左邊的鏡片則由兩條線描繪而成。這幾乎可以說是完全不同的圖形，但是，人的眼力卻無法一眼看穿其中的不同。

這個問題告訴了我們人的「視覺」有時是模稜兩可靠不住的啊！

如果看不懂也莫可奈何，不過，具有靈感的人應該會察覺到左右鏡片的不同。

問3 尺不能測量重量？

左圖有兩塊中間漏空的木板，不論大小或質材都不相同，但是，重量卻似乎一樣。有沒有可以清楚地量出其重量的方法？目前手邊上只有一只如圖所示的長尺……。

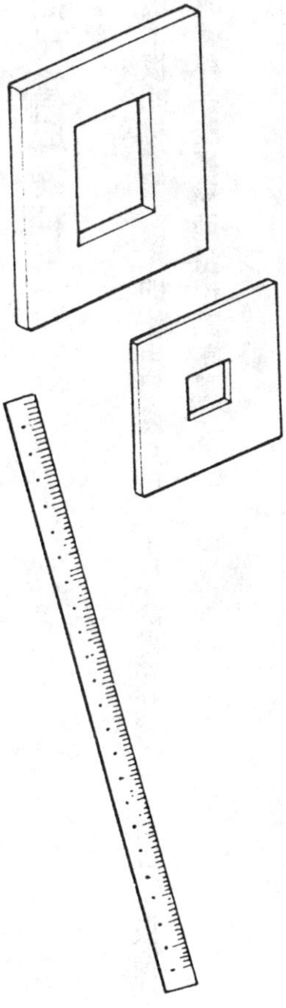

答3　把尺當成磅秤

既然兩塊木板的材質不同，即使用尺量其尺寸也無法得知其重量。但是，只要依左圖所示將尺當成磅秤就能輕易地量出其重量。

〈解說〉

有不少人認為尺可以測量距離，卻無法測量重量吧。如果拘泥於「尺是測量長度之物」的固有觀念則無法解開這個問題。

只要回到「尺是一根長棒」的原點來思考這個問題，立即就能找到解決之道。而這個方法也是活用長尺本身具有能正確地決定木板的位置、木棒的中心點等關鍵要素的性質才得以產生。

因此，這個例子告訴我們凡事只要除去固有觀念，從另一個角度來思考即可找到答案。

A
C
D
B

問4　奇異的電話亭

某電視台做了一個「電話亭內可以擠進多少名男女？」的實驗。

結果，在預演時可以擠進十個人，一個半鐘頭後的現場播出，卻怎麼費力也無法擠進十個人，最後只有九個人擠進去。

「怎麼會有這種事？」

電視台的工作人員個個丈二金剛摸不著頭腦。

當然，演出者並沒有改變，電話亭的大小也不可能變更。

到底，試演和正式播放之間發生了什麼事？

TELEPHONE

答4 您是否考慮到人的心理？

排演時參加演出者的男女都是第一次見面的陌生人。但是，在離正式播放的一個鐘頭內，藉由彼此間的交談已經成為認識的朋友。因此，在正式放映時大家會顧慮對方的存在而無法蠻橫地硬擠在一堆了。

〈解說〉

人面對素昧平生的人會毫無顧忌地相互用身體推擠。但是，一旦認識之後出於體貼或羞恥心而產生了顧忌。如果東京的所有住民都是彼此認識的朋友，早晨的巔鋒時間帶也許再增加幾班通勤電車也不敷使用吧……。

這是透視微妙的人心的問題，能立即解答的人其直覺力應該相當敏銳。

有許多學者基於心理學或人類學的立場，研究這類人對空間的佔據法。其中尤以愛德華·哈爾的研究最為聞名。

問5　電梯之怪

你認為下圖的電梯是往上昇或往下降？請仔細觀察一會兒之後再作答。

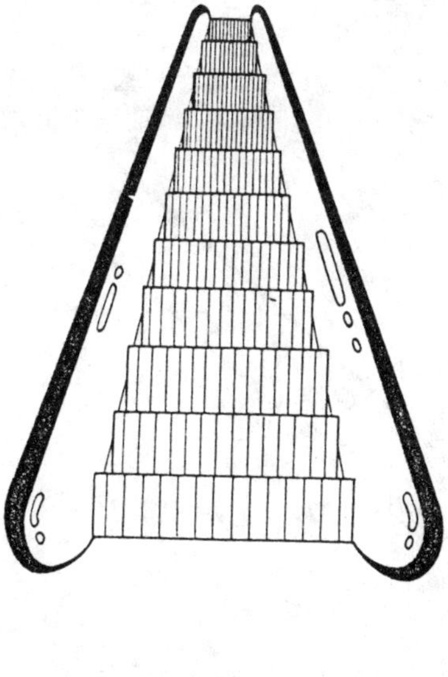

答5　可以往上看也可以往下瞧

〈解說〉

為了讓讀者各位仔細地盯著這個圖面觀看一會兒，才故意設計成「上昇或下降？」的問題，那麼，你是否察覺到這個電梯的圖形中動了一點手腳？

事實上這個電梯是描繪成可由下往上看，也可以由上往下瞧的模樣。

在我們周遭有許多這種「可雙重解釋」的圖形。而我們往往只有片面的看法。

人在觀看事物時一旦已經有所期待或產生某

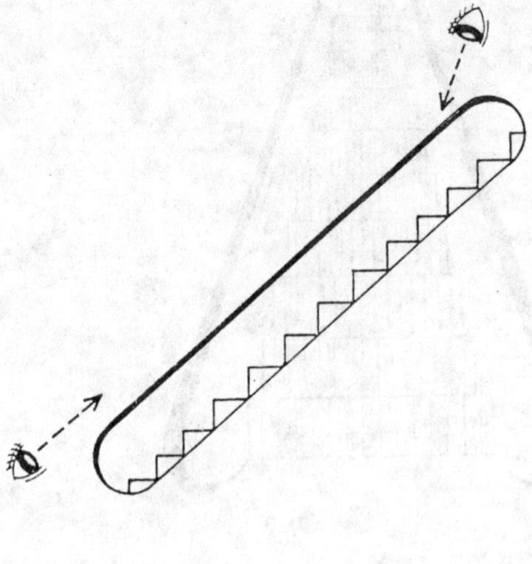

種心態，即使是同樣的事物也無法從另一個角度來觀看。看錯或疏忽可能就是因此而產生。

希望各位不要僅拘泥於一個視點，而能培養具有柔軟性、從各種角度觀看事物的眼力。

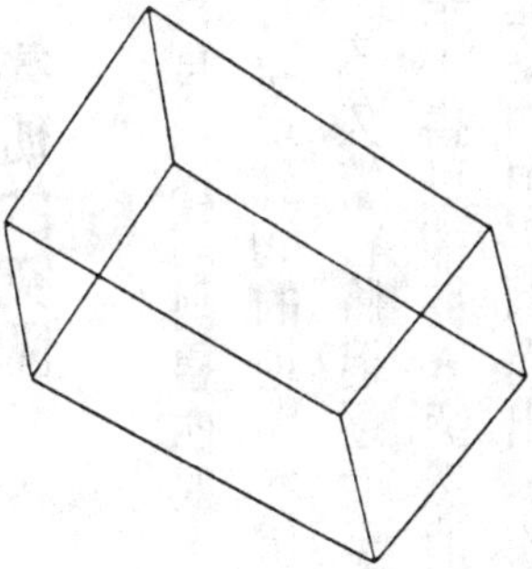

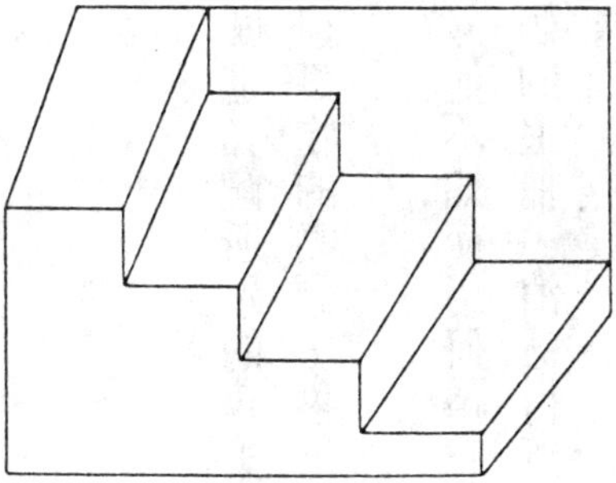

上面的圖形可看成是  的直方體，也可以看成  的直方體。

下圖可看成彷彿  的樓梯，也可以看成有如  的圖形。

問6　魯班的突圍

被警官追逐的阿魯西奴•魯班，闖進如圖所示的建築物中。他在建築物中狂奔時走到Ⓐ的地點。這似乎是建築物的盡頭，魯班真的是走到了窮途末路！不久警官將追逐而至。

但是，魯班卻從Ⓐ突然消失無蹤。他不知使用何種詭計，竟然輕易地從這棟建築物中突圍而出，躲開警官們的追捕，消逝得無影無蹤。

您知道他到底是如何突圍而出的嗎？

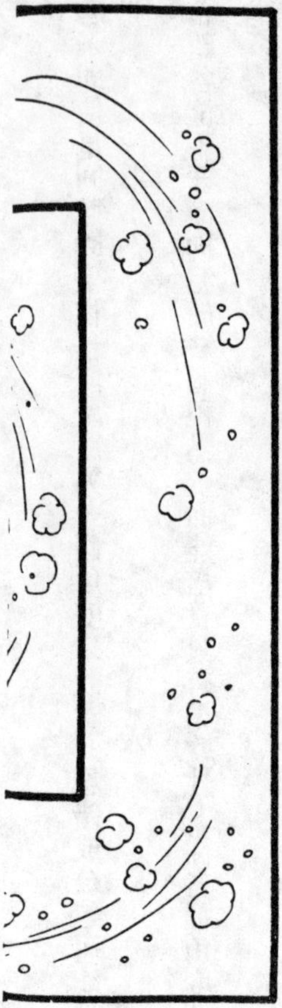

A

答6　圖中所隱藏的可能性

前頁圖中的建築物是從正上方所看到的平面圖。如果以立體的角度來看這棟建築時，則變作下圖所示的由螺旋狀坡道所搭成的建築物。因此，Ⓐ並非盡頭。當魯班從螺旋狀的廊道上方往下逃時，來到最底下的Ⓐ自然能從出口脫逃而出。

〈解說〉

平面圖可以表現的只不過是事物的一面而已。不要疏忽這個圖面中所隱藏的可能性。

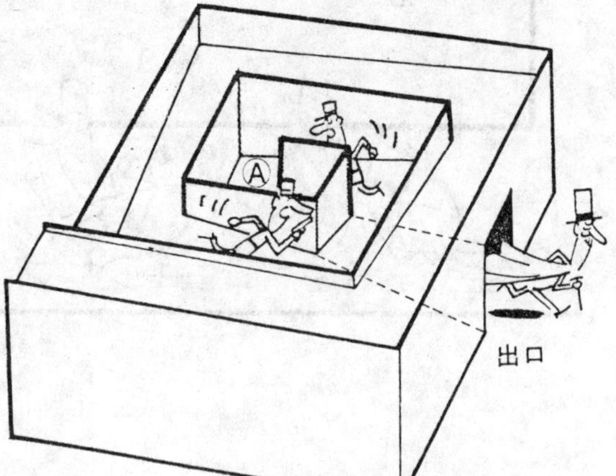

●有益的應用問題

左圖的立體具有某種特殊的性質。您知道是何種性質嗎？

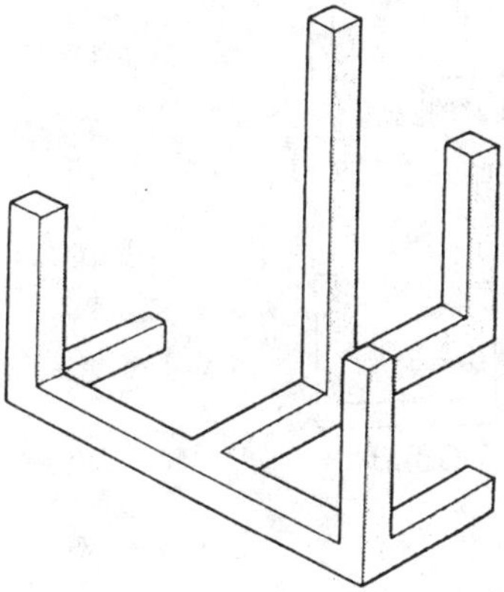

〈有益的應用問題的解答〉

這是從上下左右的任何方位看起來都可以讀成「山」的立體。

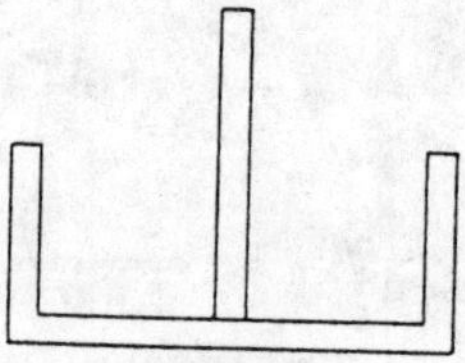

從前面看的圖形

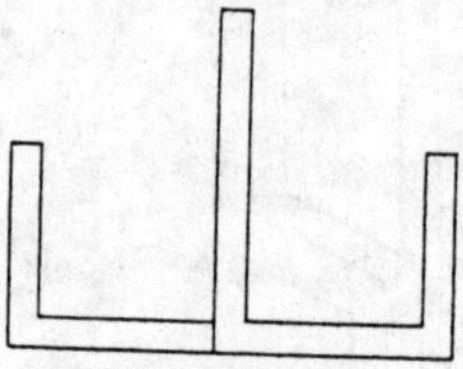

從側面看的圖形

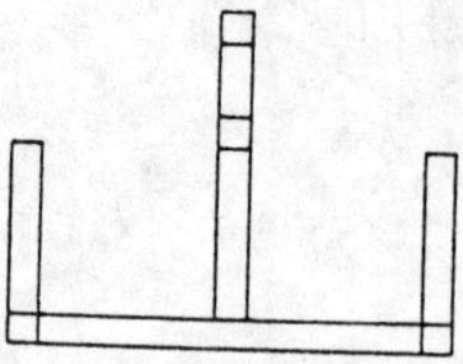

從上面看的圖形

問7 連接三個點的圖形是？

請描繪連接下圖三點的圖形。

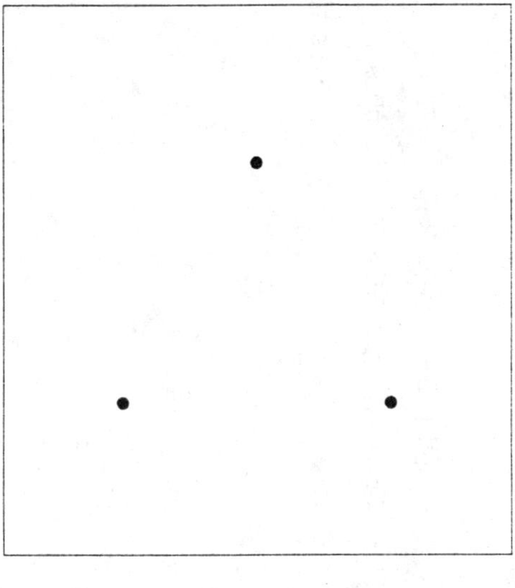

答7　並不只有三角形！

可以畫出如左圖的各種圖形……。

〈解說〉

也許任何人首先想到的是「三角形」的圖形吧。

因為，人只要看到三個點自然地就會想到「三角形」這是極為正常的心理。但是，如果深入地思考即可發現連接三個點的圖形並非只有三角形。請各位能謹記這一點。

換言之，有些事物光靠直覺是無法判斷的。

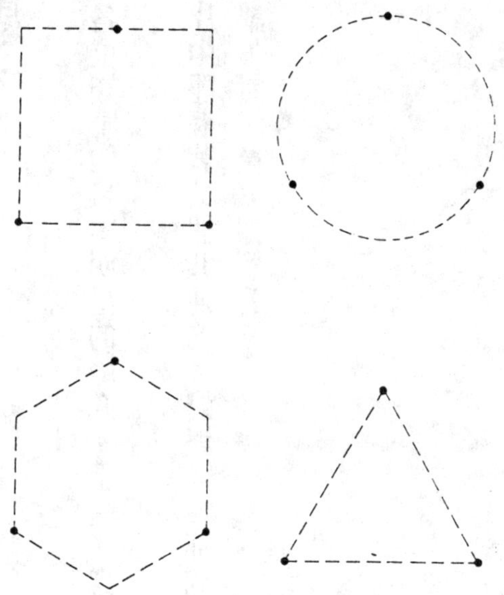

問8 有點奇怪……？

左頁並排的是各位知曉的日本明星的臉孔。但是，您是否覺得有一點奇怪呢？

是的，這個照片中隱藏著某個共通的「錯誤」。那到底是什麼？

問題並不難，請乍看之後立即解答。

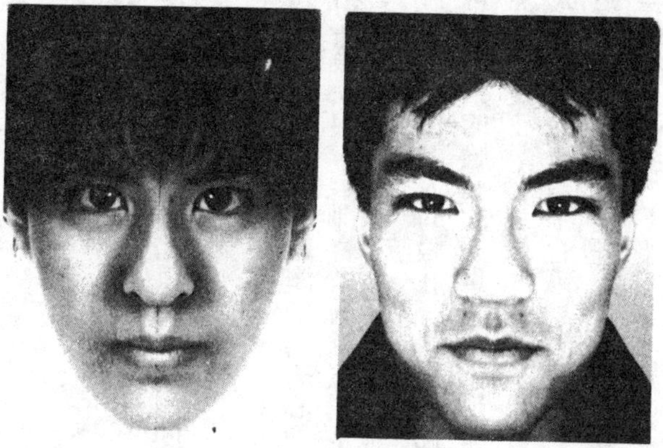

答8　人的臉孔左右並不相同

這二張照片是把兩位明星左半部的臉孔以左右顛倒的方向接合而成。

〈解說〉

首先察覺到人的臉孔並非左右對稱的是澳地利的心理學家，W・瓦爾夫。他在一九四三年發展了一篇報告，指稱臉孔的右半部會做刻意表現是屬於「公共的」，而左半部帶著壓抑性是屬於「個人的」。

根據爾後的研究到目前已明白「人的臉孔表情左半部比右部豐富」的事實。事實上把左半部的照片，以鏡像合成出來的臉孔比利用右半部所拼湊的臉孔較接近於原來的面貌。其原因是因為腦的右半側是主掌「表情」的機能，在目前這個學說最有利，不過，詳情如何尚不得而知。而人以外的動物幾乎看不見臉孔左右不對稱的情形。

總而言之，如果想拍一張表情豐富的好照片，請盡量將左臉朝向鏡頭……當然，與異性約會時也盡量擺這種姿勢。

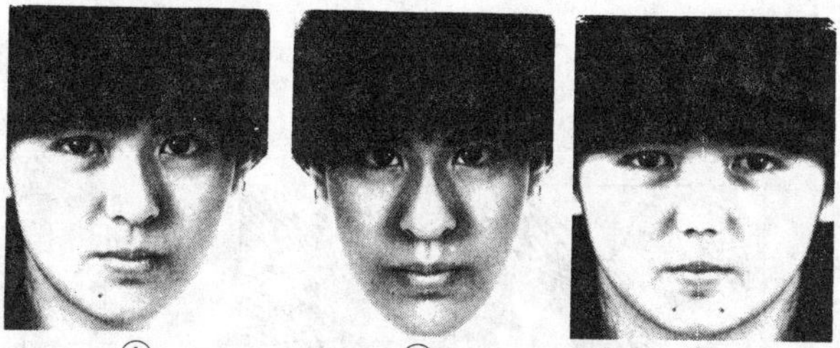

①　②　③

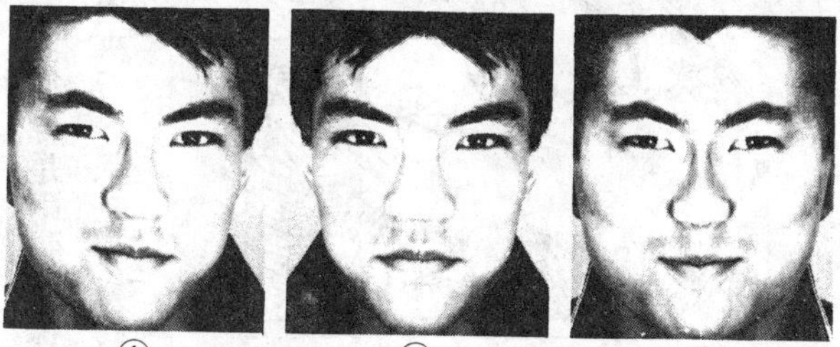

①　②　③

上面的照片中正確的臉孔是①。②是將照片本人的左臉拼湊而成的。③是將照片本人的右臉拼湊而成的。

●有益的應用問題

左圖雖然是倒立的圖面卻彷彿是兩張同樣的圖畫。似乎並沒有任何奇怪的地方。那麼，請把本書倒過來看，您一定會對這兩張畫感到驚訝。

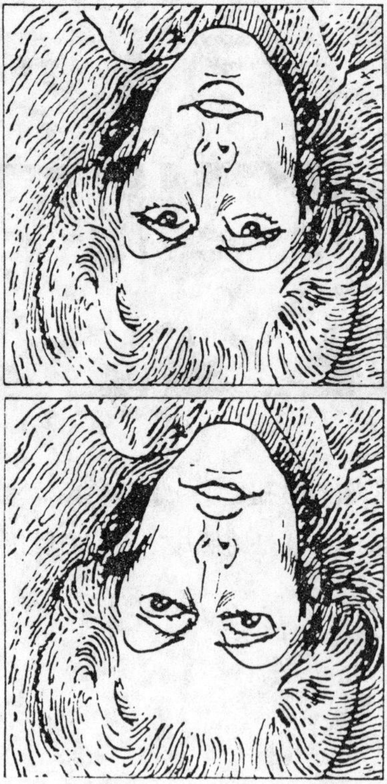

●有益的應用問題

左圖的兩個球是由金屬製成，事實上是把一個球分為兩半。大小完全相同，重量也一樣。

但是，把這兩個球同時放進水中時，一個會沈下而另一個會浮起。難道有這種事嗎？

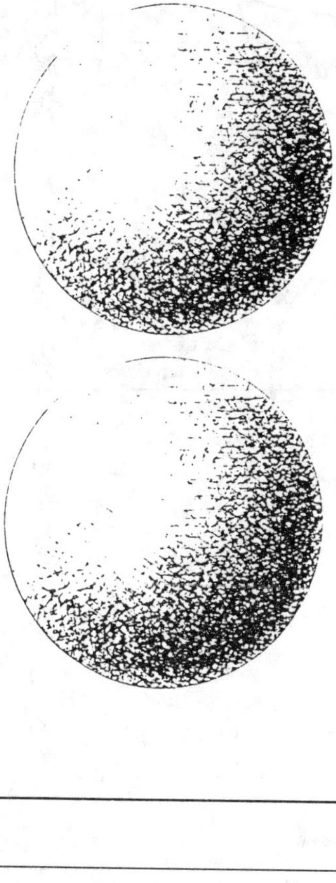

〈有益的應用問題的解答〉

這是把中空的金屬球切分為二的球體。因此，如果平面放在水中自然會浮起，直向放入水內則會下沈。

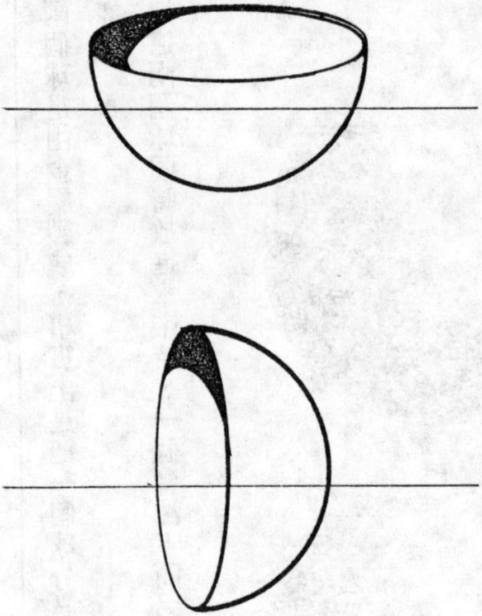

●神奇的圖畫

請仔細地瞧這幅圖畫。您不覺得有點奇怪嗎？在您仔細看這幅圖畫時，是否已察覺到這幅圖畫中隱藏著一個人的臉孔？

問9　鴨子家族大搬家

左圖是兩個同時看見鴨子一家人搬家的目擊者所描繪的簡圖。

但是，如果是同時描繪同一個鴨子家族，總令人覺得有些奇怪吧。

為什麼會變成如此不同的畫面呢？

A先生的畫

B先生的畫

答9　遠近感的差別

A先生和B先生是站在不同的位置觀看鴨子。

〈解說〉

渴望憑藉外在的事物做為判斷線索的意識中，有時可能因而無法看清事物的本質。

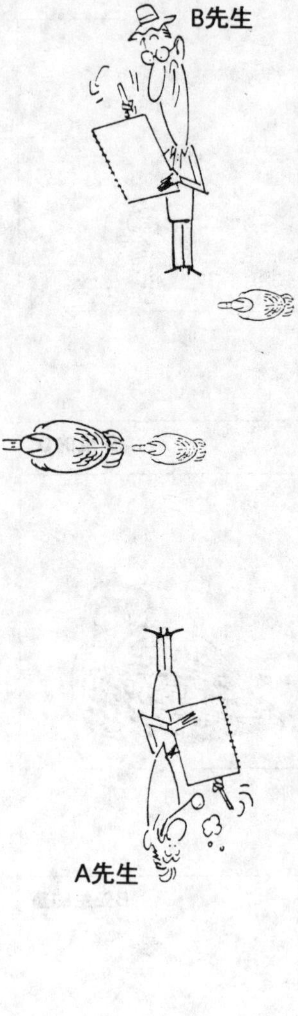

問10　喜歡那一個人？

請閱讀有關下面兩個男性的說明，再想一想您喜歡那一個男性。

①A先生是個性溫和的智慧型男性，不但勤勉還具有豐富的決斷力。

②B先生雖然外表冷淡，卻具有豐富的決斷力，是勤勉又具智慧型的男性。

答10 第一印象最強烈

這兩個人的人品似乎不同，其實不然。

〈解說〉

這兩個人的人品除了首先說明的「溫和」「冷淡」之外，您是否察覺到「智慧型」「勤勉」「決斷力」都是同樣的語句？

但是，二人的印象之所以大不相同，乃是因為最先所提示的「溫和」「冷淡」的形容詞強烈地限定爾後的印象。

以心理學的用語而言這是「初頭效果」，由此可見第一印象足以左右對他人的評價。

另外有一個實驗是，把臉孔輪廓、髮型完全相同而眼睛和嘴型多少有些差異的四個男性的臉孔並排在一起。然後讓數個人看這些臉孔。

結果發現即使輪廓或髮型一樣，只要眼睛和嘴型不同，四個男性給人的第一印象有極大的不同。只是一點小小的差別就會使人所獲得的第一印象產生出入。

譬如，瞳孔小而白眼球部份極多的人，會給人冷淡的印象。這是俗稱的「三白眼」會加強不安感或不信任感的印象。

相對地，瞳孔的部份較大時會產生生氣蓬勃而開朗的印象。

據說人際關係的第一步是在最初的三分鐘，給人的第一印象如何而決定。因此，一般認為在談戀愛或工作上的人際往來，如果日後有好的發展乃是因為首次碰面時的第一印象非常好的緣故，如果產生糾紛則是第一印象不好所造成。

問11 高速公路上的男人

在某個月圓的晚上，有一個在高速公路上以時速一七〇公里飛車行駛的男人。一名警官把警車停在馬路邊茫然地看著那個景況，於是有人問他：「那可不是違反交通規則嗎？」而他卻回答：「不，那並沒有違反交通規則吧。」

當然，那位男人所乘的並非警車或消防車等緊急目的用的汽車。

那麼，到底是怎麼回事？

答11　乘在直昇機上

既然是在高速公路上，天空也是高速公路上。換言之，男人所搭乘的是直昇機。當然，如果回答是「超人」也是正確答案。

〈解說〉

這個題目中的「高速公路」「時速一七〇公里」「馬路旁」「警車」等字句會使讀者先入為主地認為這個問題乃是發生在馬路上。其實不僅是馬路上，也可能是在天空上，但是任何人都沒有想到是天空上的問題。這乃是語言的一種伎倆。

同時，語詞的聯想會因當事者的性格或潛在性的願望而出現不同的型態。

譬如，對任何事物都會小題大作的歇斯底里型的人，很容易把一篇文章擅自誇張地解釋或接受。同時，也會朝有利於自己的方向做解釋。

多數的詐欺犯都是惡用這些語詞的心理。您具有堅定主張不被語詞的伎倆所欺騙的自信嗎？

第二章

分析深層心理
性格測驗

你的性格到底如何呢？本章是讓你發現自己從未察覺的另一個自己。這些測驗將有助於促進朋友或同事之間的人際關係的協調，也能增強家人或情人之間的日常生活的樂趣。您會發現自己心靈深處的奧妙。

問1 晨跑女郎發生了什麼事？

A太太結婚之後從無間斷地晨跑。但是，據說上個月只晨跑七天。到底上個月她發生了什麼事？

請在十秒以內說出您的結論再翻開次頁。

答1　有兩個正確答案

其一是「結婚典禮」。原來她是在上個月的二十三號左右結婚。因此，如果婚後從不間斷地晨跑，當然上個月只晨跑了七天。

另一個答案是「她在上個月的七號或八號死了」。這個答案也符合道理。

這兩個答案可以說是典型的「明」「暗」對比的解答，包括想出其他答案的人，請各位根據以下所列的判斷基準，以客觀的角度來分析自己的答案是屬於「開朗」或「陰沈」型。

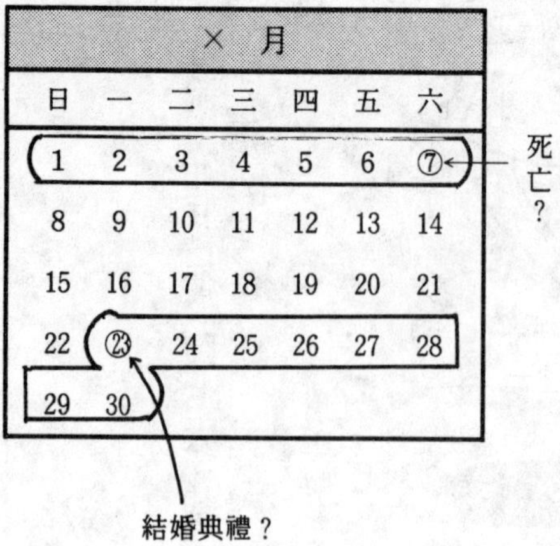

〈解說〉

從您的解答可以知道你的性格是屬於樂天派或悲觀派。

①想像「結婚典禮」等吉祥或好事情的人

樂天派的您是屬於對他人寬大、遭遇重大危機也能冷靜面對的類型。

這可以說是相當現代化的性格吧。

②想像「死亡」等不吉或壞事情的人

對事物往往朝不好的方向判斷的您，與他人交往時也常有採悲觀角度看待事物的傾向。經歷過第二次世界大戰的經濟大恐慌的人似乎常見這類型。

③想像難以判斷是「明」或「暗」的事情的人

您似乎是個愛講道理、有點孤癖的人。常有不發表一點意見則不干休的傾向，這種一言居士型的特徵是相當顯著。是自我顯示欲極強的性格。

不過，從好處解釋是相當具有獨創性，又有幽默構想的人。

問2 選擇那一條道路？

請從最下面的入口進入這個迷陣，朝最上方的出口前進。當您找到出口之後再翻閱次頁。

出口
入口

答2　可以從左或右穿過迷陣到達出口

這個迷陣其實有兩種穿越法。從入口進去即看到左右兩條馬路，其實選擇那一條馬路都可以直通到出口。這個迷陣一點也不折騰人，頗為親切吧。

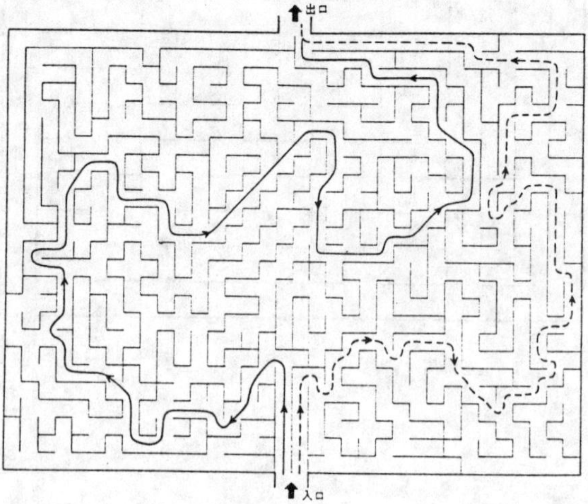

〈解說〉

從這個迷陣的走向可以得知您的性格是坦率或彆扭。

而其判斷的要點是「你在最初的分歧道上是選擇右或左的那一條馬路？」

換言之，這是測驗從入口進入之後在毫無限制的狀態下您在無意識中會往右或往左進。

結果，應該有壓倒性的人選擇「右邊的馬路」。人在無意識中具有往右的方向繞轉的性質。如果各位能仔細觀察超級市場的賣場配置，也可發現有許多商場的配置是巧妙地運用了人心的技巧。換言之，滯銷的貨品常會想辦法放置在超級市場店內的右側。

①選擇右邊馬路的人

這是凡事都依據常識而行動的常識型人。個性坦率從不會有離經叛道、追求新穎事物的行止。

②選擇左邊馬路的人

凡事都喜歡逆道而行的獨特性格的人，很擅長揣測事物所隱藏的另一面。不過，有時也不過是單純的「左撇子」。

問3　二人會在何處碰頭？

羅密歐和茱莉葉兩人分別從兩個入口沿著迷陣前進，他們二人能平安無事地相遇的場所是ⒶⒷⒸ中的那一個？不過，彼此都不可朝ⒶⒷⒸ的前方前進。

在實際解答這個迷陣的問題之前，請憑直覺預測ⒶⒷⒸ中那一個是正確答案。

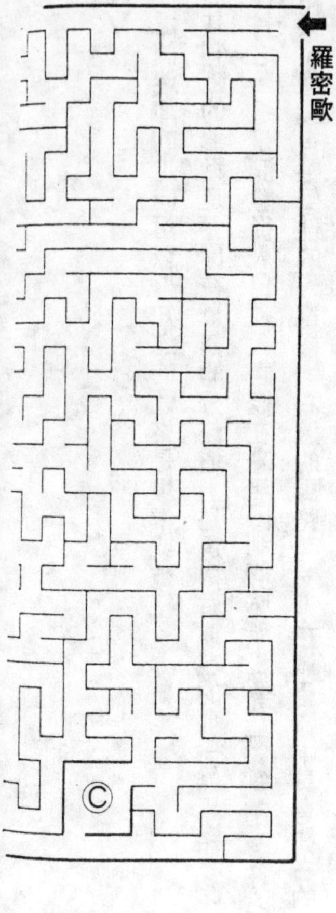

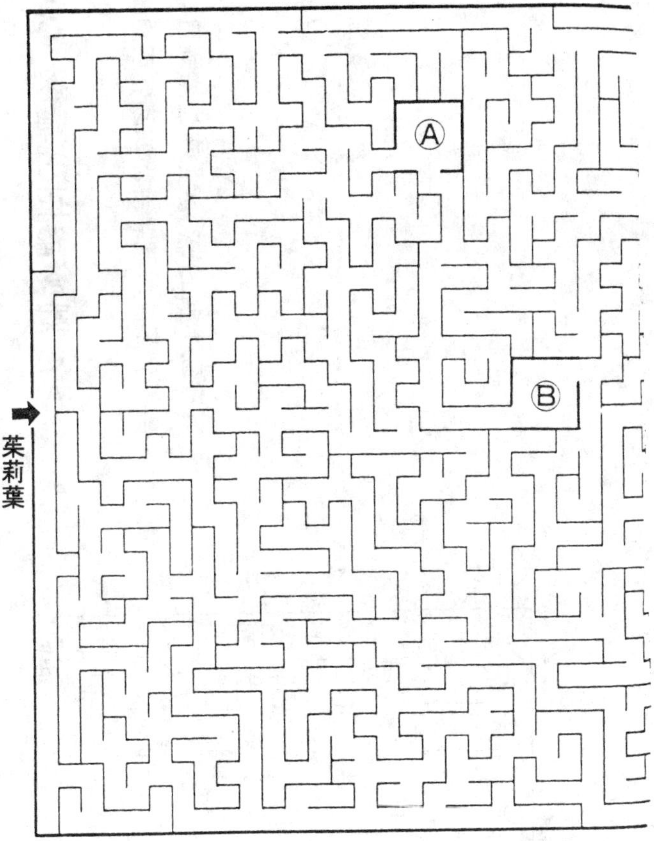
Ⓐ
Ⓑ
茱莉葉

答3　迷陣的正確答案是Ⓐ……

這個問題的目的並非解答迷陣的來龍去脈，而是憑你的直覺選擇ⒶⒷⒸ中的那一個位置。

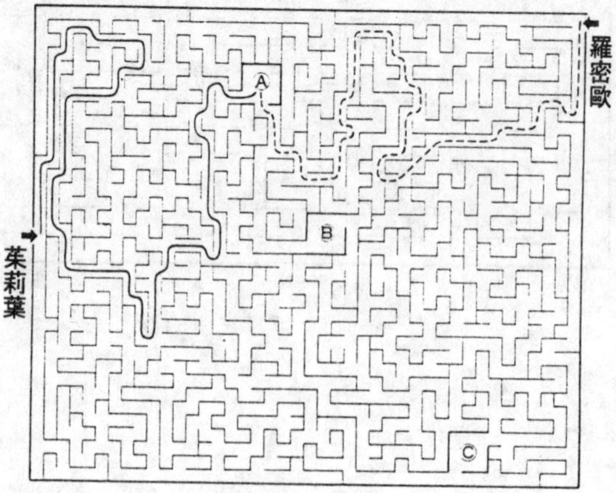

〈解說〉

憑您的直覺所選擇的位置是那裡呢？這個測驗是根據在迷陣中您所選擇的位置而診斷您是屬於未雨綢繆型或行動優先型。

①認為是Ⓐ的人

個性相當急躁，是屬於不假思考率先行動的類型。不過，卻具有使處理的事情功德圓滿的能耐。事實上這個迷陣的正確答案就是Ⓐ。

②認為是Ⓑ的人

認為羅密歐與茱莉葉會在迷陣的正中央相遇的您，是屬於常識型。

③認為是Ⓒ的人

選擇最不可能相遇的場所的您，具有對事物思慮過度、想像過於繁複的傾向。

迷陣的實驗創始於一位稱為史摩爾的學者，他在一九〇〇年首次應用於試行錯誤的實驗。

外向性格與內向性格的人在解決問題的方法上也有不同。

問4　被迫的抉擇

你和朋友二人連袂到郊外踏青，你們二人走在山道上欲前往住宿的山莊，卻迷了路。雖然看得見別墅位於山的另一頭，卻不知道是該朝眼前的叉路的右邊或左邊前進。

您們希望能在傍晚之前到達山莊，那麼，如果是您，會打算如何朝叉路前進？當然，山的那一邊的景況不得而知。

(1)
(2)

答4　也有選擇另一條馬路的方法

〈解說〉

在我們的日常生活中，和這種野外踏青行程的選擇類似的抉擇時有所見。即使目的相同卻有許多達到目的的不同方法。以這個畫中的路程而言，⑴的馬路雖然坡道極為陡峭，然而卻似乎可盡早達到目的地。⑵的馬路雖然平坦無奇，卻可能要花相當長的時間才能到達目的地。對⑴或⑵的選擇正表示了選擇者的心理。

在上述的選擇中是否有人做另外一個選擇呢？在這個圖中雖然⑴和⑵之間沒有馬路，不過，應該有人考慮到從⑴與⑵中間的平坦山道穿越吧。

換言之，不挑⑴或⑵的馬路而採中間的平坦山道穿越山頭，到達視野遼闊的地方再重新選擇途徑的方法。最近的行動派人士中常有這種類型。而出乎意外地這些人都能順利地達到目的。而認為是⑴路線的人是屬於「積極猛烈派」、⑵是「安全保守型派」，而想到另一個方法的人是「調整型派」。

問5　黑暗中的蠟燭

突如其來的停電使家裡一片漆黑。您拿著手電筒到倉庫尋找蠟燭，結果發現了兩根蠟燭。

用手電筒照著看時，兩根蠟燭如下圖所示，長度並不相同。

只要有一根蠟燭就行了，那麽，你會去拿Ⓐ或Ⓑ中的那一根蠟燭呢？

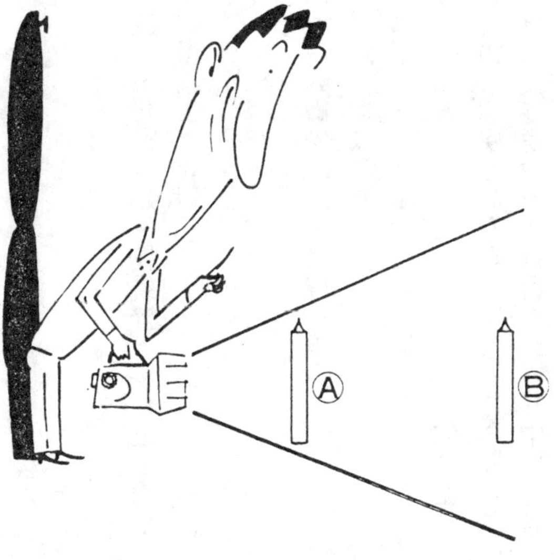

答5　Ⓐ顯得長是一種錯覺

也許有人看見前頁的插圖而以為Ⓐ的蠟燭較長吧，其實這是一種錯覺。事實上這兩根蠟燭的長度是一樣的。只不過是受到周圍斜線而顯得較長或較短。

＜解說＞

①回答是Ⓐ的人　伸手去拿近在眼前又顯得較長的蠟燭的您，是屬於堅實派。

②回答是Ⓑ的人　伸手去拿Ⓑ的蠟燭的您，冒險心極為旺盛。

③拿兩根蠟燭的人　這個問題中雖然提示「只要有一根蠟燭就行」，卻沒有說「不可拿兩根蠟燭」。把兩根蠟燭佔為己有的您是屬於冷靜沈著，財源自然地滾滾而來的類型。

這個問題是應用「錯視圖形」而來的。世界各國各個學術的心理學家都有錯視圖形的發表。左頁就列舉數個代表性的圖形。它們也是猜謎或謎題的絕佳材料，也許其中已有各位早已熟悉的圖形吧。由此可見，人的眼睛的確靠不住。

<各種錯視圖形>

①

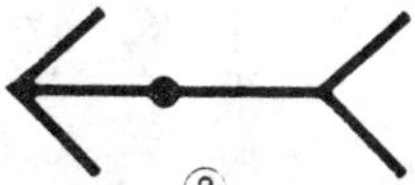

②

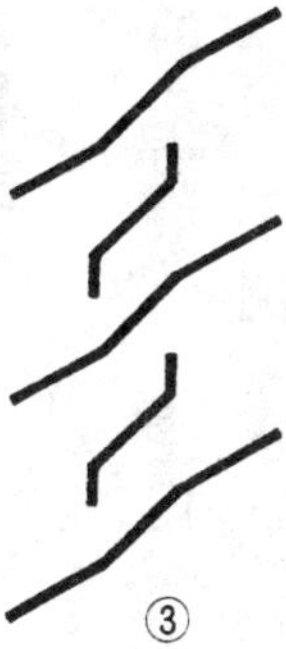

③

④

①有不少人認識這個倒立的T字圖形吧。雖然橫豎的線條長度一樣，直立的線條卻顯得長。
②賈特的錯視圖形。橫線的中央有一個黑點，黑點的左邊和右邊的橫線長度一樣。但是，右邊的橫線卻顯得較長。
③立普斯的錯視圖形。曲折線中央的部份都呈平行，但是，因為受到周圍線條的影響而看不出是平行線。
④傑魯納的錯視圖形。斜行的長線都呈平行狀，但是，受到上面短線的影響而看不出是平行。

問6　第一〇〇個人是誰？

這裡是某遊樂園地的「鬼屋」。園內規定每一次由一百個顧客進入鬼屋，但是，擔任顧客管理的您，因為霎那間的東張西望而不曉得已經讓幾個顧客走進鬼屋裡了。唯一可確定的是，目前並排在眼前的六個人當中有一個正好是第一百個顧客……。

您想稍微多一點或少一點也無妨，就在適當的地方停止顧客進入鬼屋，於是向顧客表示「對不起，已經額滿了。請稍待××分鐘等下一次再進入吧！」……那麼，如果是您，會在這個行列中的第幾個人做區分？

入口

答6　瞭解人際關係的平衡度

不僅是測驗中的一群男女，即使對象是「三個蘋果和三個橘子」也一樣，讓某人把一堆事物分割為二時，即可判定其人所具有的「美意識」。

若像這個問題所要分割的對象是一群男女，即可判做區分者的個性是屬於溫柔或冷酷，亦即人際關係的平衡感如何。

〈解說〉

①在正中間劃分為二的人

「也許三個女性和三個男性是不同的團體，就在這兩個團體之間分組較為親切。」

……具有這種想法的人是屬於理性重於感情的類型。經常因大膽直言而使人動怒或傷害到他人，似乎也不討異性的喜歡。

②在第二個女性區分的人

這種類型者乍看下似乎體貼又親切，然而多半只是利用言詞佯裝態度的親切，本質上卻居心叵測。有時會在無意識中以態度表示對人的好惡。

周遭者可能會識破這種虛有其表的親切，然而當事人常毫無所覺。

附帶一提的是在「三名男子和一名女子」的團體中，比男女成三對三的團體在交際上較容易產生羅曼史。從這一點看來這也是極為親切的區分法。

③在第一個女性區分的人

在第一個女性區分的人居心不良，會倚賴特定的人或明顯地表示對人的好惡。這種類型的人可以說是渴望從他人獲得特別的利益或想向某人表示個人慾求的類型。這種人會受到同性或異性的嫌棄，很容易被認為是獨斷型的人。

雖然看似冷靜的類型，卻具有喜好單獨行動的傾向，即使在情人面前也鮮少敞開心胸的頑強類型。

因此，對異性而言是難以親近的對象，不過，如果保持一定的距離來交往，倒能意外地發揮細膩的體貼之心、親切的一面。

④在三名女性與第一個男人的位置區分的人

這種人的內心深具有強烈地渴望受女性歡迎、喜愛的慾望。也許是平常因異性問題常有不快經驗的男性吧。

⑤讓全體入場的人

當然，最後的人也可能是第一百個顧客。生性善良又富於機智的您，一定深獲朋友們的喜愛吧。

這種人是無從挑剔、無懈可擊的人。

問7 失去的地平線

有一個如左圖的風景畫。請在這幅未完成的圖畫中描繪「地平線」將天空和陸地區分出來。

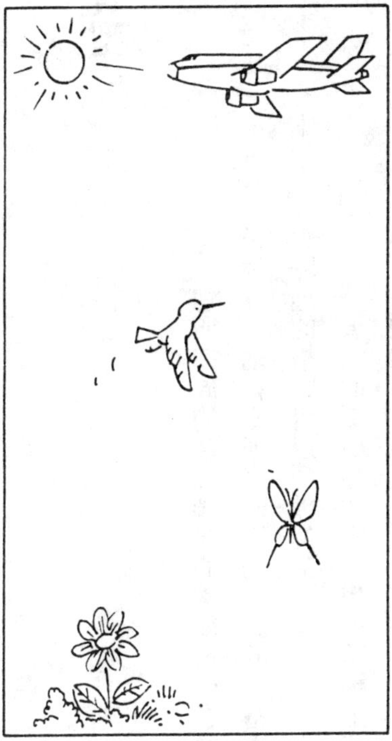

答7 幻想型或現實型

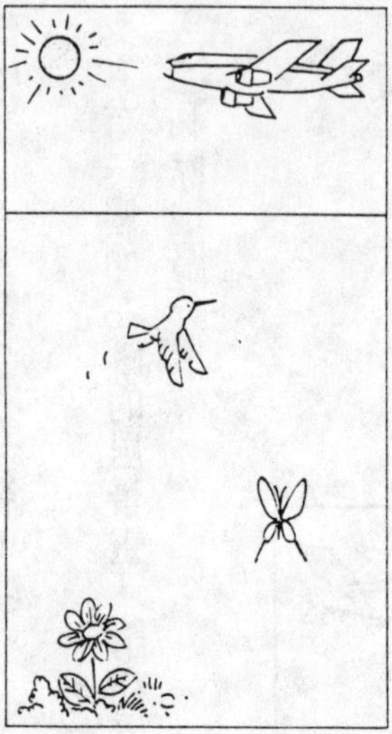

您所完成的這幅圖畫的美術價值在此不予做評，站在心理學的立場，對於描繪天空與陸地的構圖可以解釋為：

「天空的部份是代表幻想或精神上的世界，陸地的部份則表示現實的世界。」

因此，根據地平線所描繪的是在圖畫的正中央之上或下，即可判斷該人是屬於現實型或容易作夢的幻想型。

〈解說〉

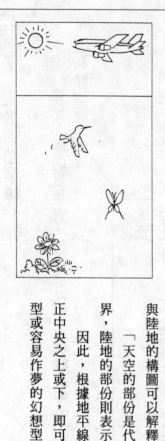

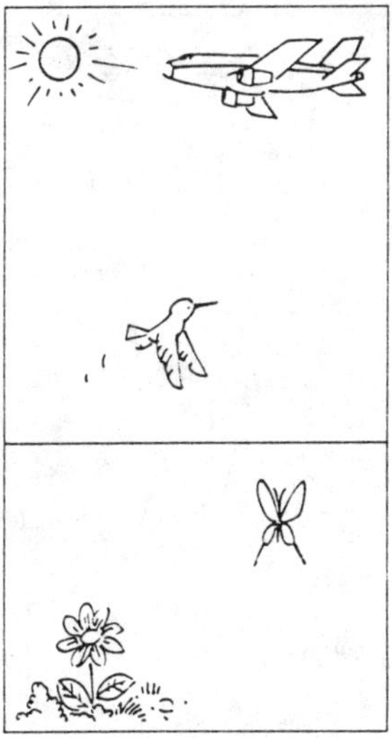

①將地平線描繪在小鳥之上者

描繪陸地的部份多於天空部份的人，是屬於現實型。而描繪地平線的位置越高現實化的性格越強。

這是具有金錢重於藝術的強烈傾向的類型。

如果這種傾向超過限度會變成缺乏構想、個性頑固的人。

②在小鳥和蝴蝶之間描繪地平線的人

均衡而適度地帶有幻想型與現實型的性格。可以說是最正常的類型。

不過，對事物缺乏好奇心與關心，是欠缺做人的趣味的人。

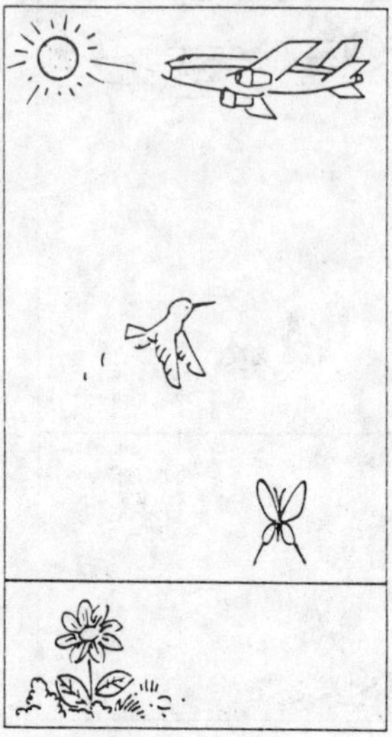

③把地平線描繪在蝴蝶之下的人

地平線的位置越低越具有幻想型的傾向。是個經常懷抱著夢想的浪漫家。以藝術家類型居多。

但是，地平線如果描繪得極低，與其說是幻想型，毋寧是現實逃避型。

凡事都要注意不要失之草率。

問8　站在那裡？

走進下圖的男用廁所的您，會站在那個便器之前？請在圖①中記下記號。

另外，假設您所選擇的位置已經有別人使用時，你會站在那裡？請表示在圖②上（假設其他的便器都沒有人使用）。

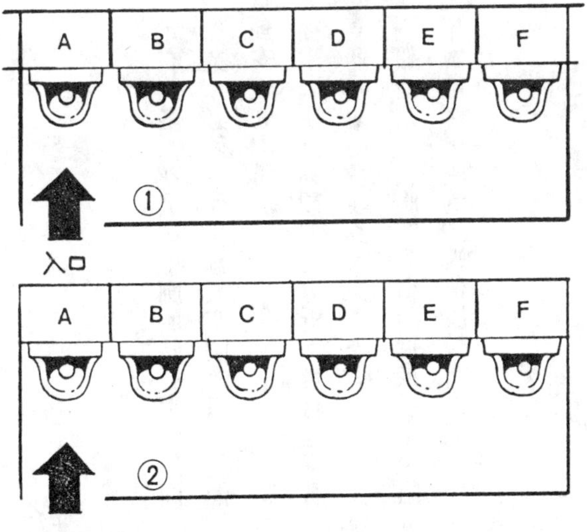

答8　您的「社交性」如何？

人的日常行動中有各種的「習性」。譬如，一定有許多人在公司上廁所時必定使用同一間廁所……。為了進行「排泄」這種極度個人的作業，必須確保「個人空間」以避免他人的壓力或視線。換言之，一般人會選擇自己最感到安定的場所。

最近，在美國的心理學家之間有越來越多的人從事人類行動類型的分析。也有些學者在公共廁所進行與此類似的調查，分析那個位置的便器的使用者最多。

有趣的是男廁和女廁所喜好的位置並不相同。一般而言，女廁的入口附近或正中央附近生意最為「興隆」，最裡側的位置則乏人問津。相對地，男廁的兩端位置較有人氣。

〈解說〉

在此只針對男性來做診斷。

●廁所⑴的情況

①選擇A的人

對細微小事並不太在意的豪爽型。會將自己的慾望直接發洩出來的類型。

在人際關係上常會表現自我本位、暴露自我主張的一面，有時也會凸顯執拗不休的性格。對金錢會考慮其中的損得之後再採取行動。成功的政治家或實業家中常見這種類型。

②選擇B的人

乍看下顯得深謀遠慮，事實上是想到什麽就要付諸實行否則誓不干休，行動中多少有點輕率的類型。一般而言雖然待人親切卻容易受當天的心情而左右其行動。心情好時樂善好施、喜好交際，但是，提不起勁來時則會表現出不屑一顧的態度。

③選擇C的人

是合理主義者，會充分地過濾周遭的狀況之後再採取行動的安全第一主義者。是能使自己的步調調和組織理念的類型，也具有相當的社交性。即使是令人討厭的對方，也會表現出委曲求全的強烈協調性。

受上司的賞識而節節高升的知識份子常見這種類型。不過，也是容易積蓄壓力的類型。

④選擇D的人

社交性無以倫比。和任何人都能打成一片，也具有體貼之心，常見行動力與指導力兼備的老大資質的人。不會舉棋不定，具有貫徹自我判斷的能力，深受後輩的信賴。不過，缺點是喜好引人注目，自我顯示慾過強。

⑤選擇E的人

是屬於含蓄的類型。雖然心中渴望與任何人都能和平相處，卻缺乏自信，結果只和特定的人深交。

由於極端厭惡受人批評，即使想要從事某事也因在意周遭人的反應、唯恐失敗而變得消極，經常錯失良好的機會。這種人雖然平常顯得樸素，一旦黃湯下肚則判若兩人。

⑥選擇F的人

在各個方面是值得矚目的類型。有點女性化，很容易因為一件事而感到沮喪的老實人。也是充滿著善意而無法做壞事的人。很可惜的是缺乏社交性，與其和衆人胡鬧著起鬨，不如一個人安靜地逍遙來得自在。

●廁所(2)的情況

在(2)的情況由於渴望確保自己的個人空間的心理產生作用，幾乎所有的人會選擇與先到者間隔一個以上的便器。

換言之，診斷如下。

①立即站在旁邊的人……老實說似乎具有同性戀的傾向。

②其他的人……普通人。

問9　山頂是何種形狀？

山上的天氣變化多端。現在您正攀爬的山（如左圖的山形）的山頂上正覆蓋著一層烏雲，但是，也許在數秒之後彷佛變魔術一樣地轉為晴空萬里，目標的山頂將垂手可得般地清晰可見。

那麼，當時您所看到的山頂是呈何種形狀？

請在內心描繪其模樣（當然也可以直接描繪在這本書上）然後再翻閱次頁。

答9 是叛逆型或順從型的人？

每個人所描繪的山形各不相同。而且，根據年齡的高低也會出現不同的形狀，這一點頗饒興味。一般而言，年紀越大者所描繪的山形越接近於富士山。年紀越輕者則不會受山形的固有觀念所束縛，很容易出現奇怪的山形。

另外，在山頂上添加變化表現出奇特形狀的人，多半是具有年輕活力或建設性的行動力的人。

山也表示一個人的順應力。幼兒性格較強的人會描繪出有如童話中插畫的山形。山頂呈鋸齒狀的山多半是男性度較高、攻擊性較強的人。

〈解說〉

以下，以次頁所描繪的六種山形來判斷其類型別。

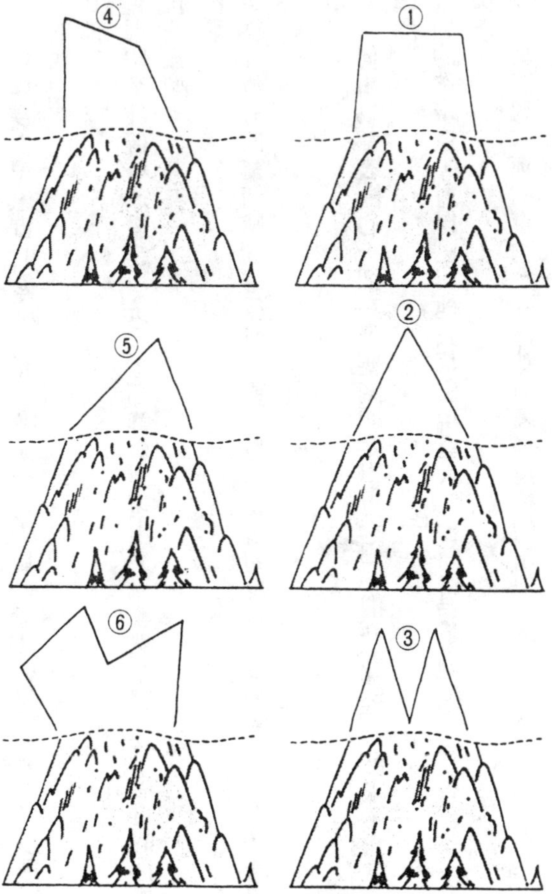
④
①
⑤
②
⑥
③

①的山形

最保守，對年長表現忠實的態度。而對晚輩也渴望其表現恭敬的態度，是以形式為第一優先考慮的類型。

②的山形

有時會渴望突破傳統或燃起反抗心，卻鮮少表現出來。雖然本質上是老實的性格，有時卻會反抗的類型。

③的山形

對被束縛在傳統的窠臼感到排斥或焦躁，對年長者的反對心也強的人。也是渴望引人注目的類型。

④的山形

雖然對任何事物都表關心，卻在緊要關頭會出現妥協、消極的態度。慾求不滿度極高。

⑤的山形

具有較強的進步性，對自己與他人都表現寬大。會向新穎事物挑戰的人。

⑥的山形

不願受束縛或對古舊的事物、強權勢力表現反抗的類型。

問10 只剩下二十四個鐘頭的生命！

諾斯特拉達姆斯預言一九九九年的七月地球將走上滅亡之日。該預言是否屬實必須等到當天才能證實，假設地球真的走上滅亡之日，而我們人類只剩下二十四個小時存活的時間時，你希望在所剩餘的二十四個鐘頭內做些什麽？請在腦海中描繪自己想要做的事情。

當你腦中浮現想要做的事情之後再思考將以何種方法實現這個願望。然後請回答次頁的問題。

［問題①想要做什麽？］

對於這個問題請從下面的類型中找出最接近於自己想法的答案。

（1）想到與現在完全相反的狀態。

（2）想到與目前的狀態有點不同的事情。

（3）認為只要和現在的狀態一樣就行了。

［問題②以何種方法實現自己的渴望？］

對於這個問題也請從下面三個答案中挑選一個最接近於自己構想的方法。

（1）用往常的方法即可實現。

（2）這個方法必須有相當的勇氣。

（3）若非超現實的手段則無法實行。

答10　認識你的犯罪素質

為何那個時候會做那樣的人……人有時會有令自己事後感到後悔不已的異常舉動，而這個測驗的目的就是要確認您具有的這種危險性的程度如何。

譬如，在日本曾經主辦「天井棧敷」，經常受到媒體界矚目的故詩人寺山修司先生，也具有一到深夜舉止行動變得詭異的「危險性」。根據一九八〇年七月三十一日的報紙所載，某天深夜兩點左右，這位詩人潛入附近女大學生的公寓偷窺女學生睡姿等等。

據說在擁擠的電車中，偷吃女性乘客豆腐的色狼的慣犯，出人意外地多半是有正當職業的中年管理階層者。

由此可見，任何人的內心深處都潛伏著，某個瞬間因突發的狀況而做出離經叛道行為的「危險性」。性愛、賭博、嗎啡、非法持有槍械、盜用公款等等，與危險結伴的事物充斥在人世間，隨時都會誘導您做出越軌的行為。這個測驗正是要探討您的深層心理中，隱藏著多少可能一腳踏進這個黑暗世界的危險度。

在此根據測驗①和測驗②所做的答案依下列的點數分配來計算您的得分。

	(1)	(2)	(3)
測驗①	3	2	1
測驗②	1	2	3

〈解說〉

①6分……危險型

敵擋不住誘惑，難以控制自己的感情或慾望的類型。危險度相當高。尤其是被迫意識到「自己不被周遭人所肯定」，或出現無法與其相提並論的強敵時，這個危險度會急速地增高，在無意識中出現犯罪性的言行舉動或被不正當的事物所誘惑。

另一方面，多半具有藝術方面的才能。如果能致力於擁有一個好的商量對象，拓展其幽默的個性與素質，情況將大為改觀。

②5分……次危險型

雖然不致於造成重大的犯罪，內心裡卻充滿著危險性。一個人獨處時不敢為非作歹，但是，如果以團體中的一員採取行動時，會壯起膽來而做出不正的勾當來。當惡行暴露時會一再地辯解或把責任推卸給他人的類型。

③4～3分……安全型

不會無理強求，即使具有冒險或追求刺激的念頭，也無法付諸實行的類型。因此也帶有「心事沒人知」的性格，譬如，即使有喜歡的異性也不敢主動向對方表白。有時會因而造成慾求不滿而在不相干的事情上動怒或耍脾氣。

④2分……嚴謹實在型

重視現狀、容易受倫理所束縛的超常識型。對於周遭人的禮儀法度或「實事求事」極為挑剔，有時對於他人的不正常行為無法坐視不管，略帶好管閒事的特性。在商業交際上會因為過於重視條理法規，而被同事或部屬們認為是「不圓滑、不識相又不懂道理的人」，而敬而遠之。

問11 喝酒的心態？

歡迎光臨！歡迎您到「螃蟹小酒吧」。

喔，您是第一次來的客人，以後請多多光臨惠顧。

請問您要什麼酒？

咦？您不喝酒？什麼都不要？

這真傷腦筋啊！既然有緣惠顧敝店，務必請您從這個菜單裡點一樣東西。

我們還特別為難以抉擇的客人做好了抽籤的遊戲。

來吧，當您選好酒之後再翻閱下一頁。我們將為您診斷您的心態如何。

①加冰的威士忌
②純威士忌
③日本酒
④葡萄酒
⑤雞尾酒
⑥啤酒
⑦燒酒

答11　喝酒的心理極為複雜

根據美國心理學家的研究，據說嗜酒豪飲的人多半是具有想要改變自己的性格的願望。這些人會一再地喝酒使自己的性格改變為自己所渴望變成的樣子。換言之，會不停地猛喝直到產生了令自己滿意的性格變化。因此，並非因酒美味可口而飲酒，而是處於渴望喝酒的心理狀態才喝酒。

當發現某特定的酒最足以獲得這種飲酒心理的滿足時，就會偏好該特定的酒。雖然酒精的種類和性格之間的關聯尚沒有充分的調查或研究報告，不過，一般而言具有下列的傾向。

〈解說〉

①加冰的威士忌

這是最普通的性格。順應性強，能接納周遭者的意見。香煙也多半喜好長壽煙等一般的品牌。極渴望出人頭地，期待著一有機會大賺一筆或被上司賞識。

②純威士忌

男性化、冒險心強。厭惡循規蹈矩，不畏強權勢力並有反抗心。想像力、獨創力豐富，是具有正義感的人。

③日本酒

喜好日本酒者一般而言是屬於保守型。具社交性又樂善好施。雖然具有爛好人的一面，卻很在意對方的一舉一動。被奉承即自鳴得意而無法拒絕別人的要求。即使失敗也不折不撓。

④葡萄酒

在同年齡層之間顯得過於浪費，對別人的要求過高。擁有脫離現實的巨大夢想，容易變更公司或工作。男性的朋友多。最難以相處的大概是喜好葡萄酒的年輕男性吧。一點小事心情就會變得惡劣，對服裝也極為挑剔。有許多人曾經有過數次國外旅行的經驗。

⑤**雞尾酒**

喜歡甜味的雞尾酒的人鮮少有嗜酒豪飲型。這些人與其說是飲酒，毋寧是追求當場的氣氛或渴望與異性交談。不過，喜歡酒精度高的雞尾酒的人（譬如辛辣的馬丁尼）是屬於男性化、能將自己的個性或才華發揮在工作上，而令人感到足以信賴的人。會掌握自己的分寸再採取行動。

⑥**啤酒**

根據美國的社會調查研究所的調查，據說啤酒是潛在性地表示「鬆弛」。它表示自在輕鬆飲酒心情，無拘無束的開放氣氛。約會中喝啤酒的男性多半是想要表現自己最自然的面貌。心無隱私、坦率地向對方表現自己。

⑦**燒酒**

會巧妙地運用言詞或表情來傳達自己的心情。不會在意周遭的人反應，也能坦率地接納他人意見的類型。

問12　洞穴中的男人

請仔細看看這個圖中的男性。憑你的直覺您認為這位男性現在正在做什麼？請從下面的選擇中挑選最接近於您的想法的答案。

(A)正要往下走。
(B)靜止在那裡休息。
(C)正要往上爬。
(D)發出聲音地叫喊。
(E)不得其解。

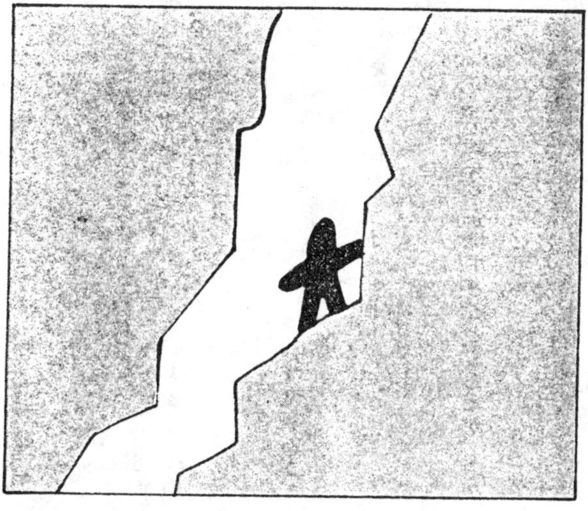

答12 反抗心是強或弱？

據說不論任何工作其成功與否的關鍵乃在於人際關係。當心浮氣躁、勃然大怒時如何發洩心中的不平不滿，幾乎也影響了個人日後的發展。換言之，反抗性較強的人成功率也高。

〈解說〉

①回答是Ⓐ的人　具有適應力、個性溫和，但是，也是受強勢者壓迫、被操縱於對方股掌間的善良人類型。

②回答是Ⓑ的人　反抗力不足。已開始呈現老化現象，忌諱痲煩的人。

③回答是Ⓒ的人　具有反抗力，努力不懈型。經常與「強勢者」對抗，潛伏著渴望向不可能的事物挑戰的活力的類型。

④回答是Ⓓ的人　陰晴不定的人，有時幹勁十足能充分地發揮反抗力，但是，因當時的氣氛也常有消沈的時候，是屬於不安定型。

⑤回答是Ⓔ的人　經常以發牢騷、挑剔為樂趣的怪癖型。即使站在同一陣線的人，不久也會轉變為敵人，是相當吃虧的性格。

第三章

認識性慾望
性測驗

你對性的關心是強或弱？你的性是正常或異常？你對情人所追求的是什麼……本章的測驗能一眼拆穿有關性的心理，既有趣又刺激。今晚的約會何妨向他（或她）試試看……？

問1　從圖畫可瞭解性關心度

請注視下面的圖形一會兒之後，再添加你個人喜好的圖畫在其中（不過，絕不可用修正液等消抹早已畫有的線條喔！）。

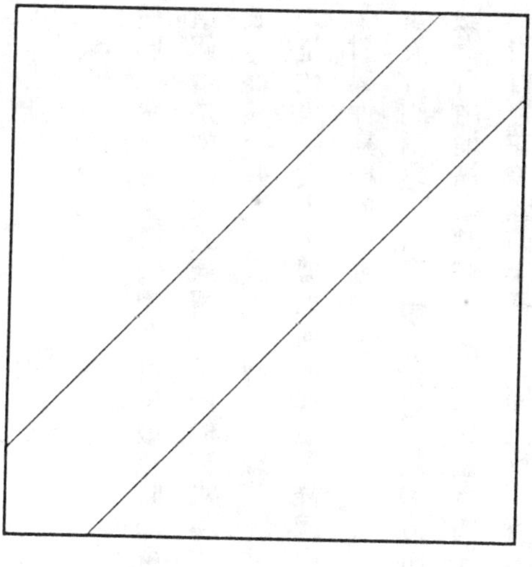

答1　兩條線代表「男女」

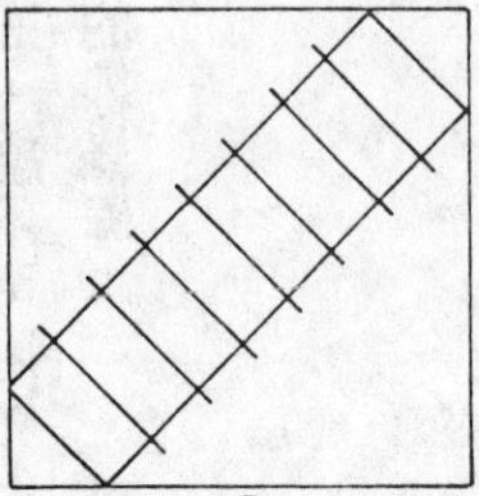
①

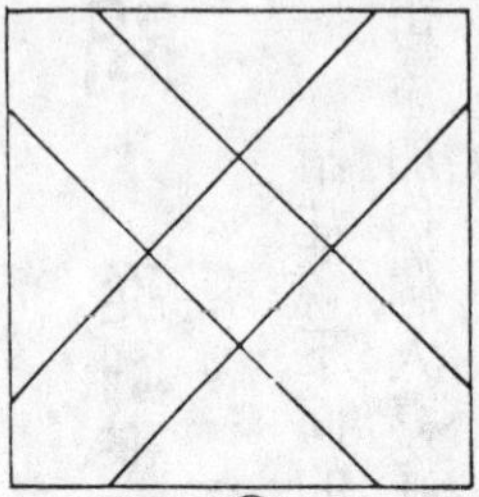
②

這雖然是個簡單的圖形，然而根據這個圖形自由做畫時即會出現各種的圖樣。據說這個畫是象徵個人深層心理內的慾求。

這個圖形測驗是要表示存在於個人心靈深處的異性願望、性慾求的強度。兩條線本來是代表男女，根據如何解釋這兩條線而可以判斷性慾求的強弱，對異性期待的程度。

這是最近在法國相當流行的測驗，內容極為有趣。測驗方法是根據簡單的圖形讓受驗者自由地描繪圖畫，從而探討畫者內在的願望或慾求。這個測驗也曾經在美國的年輕人之間流行一時，他們稱之為「胡亂塗鴉測驗」。而這個問題是最簡單的性測驗。

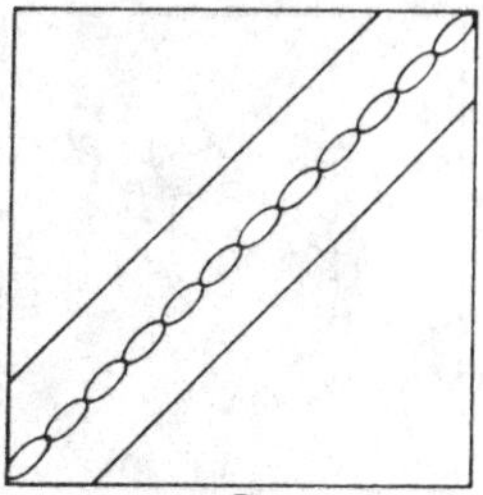

③

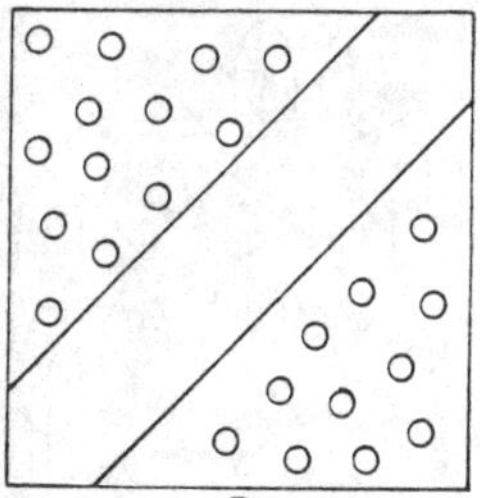

④

〈解說〉

那麼，我們就來診斷描繪如上圖內容的畫者的性格。

①連接兩條線做成鐵軌或樓梯形狀的圖樣……

渴望碰觸異性，被緊緊擁抱的慾望非常強型，熱情高達滿點。有時會失去自制心。

②變成交叉的十字路形的圖畫……

如果圖形呈十字路或交叉線時，是表示雖然追求異性並對性充滿著慾望，卻因道德觀的支配而強烈地壓抑自己的慾求。充滿著對不尋常戀情的憧憬。

③在兩條平行線的中央畫另一條線或描繪分離的線或外框時……

無法連接兩條線的人嫉妒心強，渴望獨佔某人或由於無法巧妙地發洩自己的慾望而顯得心浮氣躁。處於這種狀態下連微不足道的事情也常會爭風吃醋。

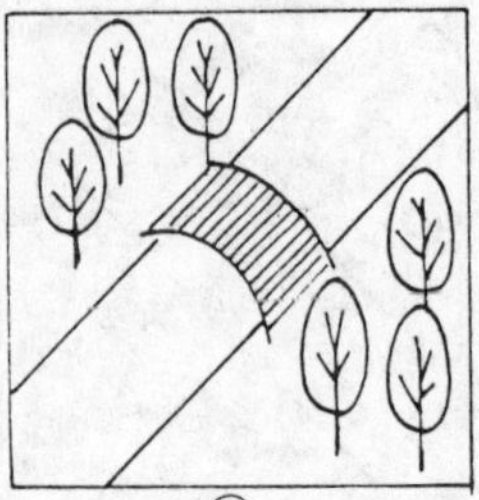
⑤

⑥

④沒有連接兩條線的圖畫……

沒有連接兩條平行線的人對性的態度是淡泊。討厭被他人碰觸，不喜歡以性為話題的談話。即使一個月沒有性生活也不引以為意。

⑤把兩條線當作「河川」在其上描繪橋樑的人

這是喜好羅曼蒂克的戀愛方式，追求充滿情調的性的類型。如果沒有音樂或甜蜜的氣氛、美酒助興則無法感到喜悅的人。

⑥把平行線內當成馬路而在中央描繪人或車的人

喜好成熟的愛或冒險，能享受性愛遊戲的人。也是能充分地令對方感到滿足的性專家。

⑦無法歸類的人

如果所描繪的圖畫並不屬於上述任何一種時，是追求奇異的戀情，平凡的性並無法獲得滿足或對性毫不關心、不感性的人，多半把工作或金錢放在第一順位而不重視性。應該是缺乏生活樂趣的人吧。

問2 向腳線美挑戰

下圖是在通勤電車上所看到的一名年輕的女乘客。

請從這位年輕女性的面貌、服裝、髮型等想像她的雙腳可能擺放的姿勢，再把它描繪在插圖上。

答2　認識您的性意識

人的癖性或無意識中所表現的動作、姿勢多半會暴露該人的潛在願望。據說性意識常表現在腳上。坐在椅子上時雙腳的擺放姿勢不僅會暴露該人的個性，也多半是性方面的暗示。

模特兒特別注重坐姿的雙腳所擺放的方式，多半採取像②一樣雙腳併攏稍微傾斜的姿勢。這個姿勢看起來優雅，是腳部顯得最美的位置。

〈解說〉

這個測驗是根據您所想像的女性雙腳的擺放姿勢，而窺視您對性的好奇心。

想像①的雙腳的人

能控制自己的感情，很難表露真心本意的拍拉圖式的類型。也許是腦力活動較多的緣

①
②
③
④
⑤
⑥

故，性能力較弱，好奇心也低，這種類型者常有在結婚之前保持處女或童貞。

想像②的雙腳的人

智慧型、崇拜優雅類型者的傾向非常強，對肉體上的魅力並沒有多大的關心。具有強烈地美化異性的傾向，表現出犧牲奉獻的態度，但是，這是因為自己本身也可能擁有異性化的一面。換言之，在內心深處具有將異性看成「同性」的傾向。因此，對性的好奇心往往會朝向男、女同性戀的方向。

想像③的雙腳的人

喜好比自己年幼及開朗類型的異性。對性的好奇心強烈，一般而言，重視異性的肉體遠勝於其精神的投合。

喜歡富有個性的性生活，年輕時已有豐富性經驗。

想像④的雙腳的人

平常是重視道德觀念的人，但是，一旦沈迷於性愛之中，則會一頭栽進而無法自拔的類型。原本缺乏體力上或技巧上的能耐，多半僅止於精神上的好奇心。對三級電影或黃色照片、小說等感到興趣。

想像⑤的雙腳的人

對性愛的好奇心屬於一般性，在體力上擁有自信。但是，由於個人的喜好過於明確，而無法滿足其一般的好奇心，是經常感到焦躁不安的類型。因此具有朝性虐待或被性虐待方向發展的傾向。

想像⑥的雙腳的人

是屬於樂天派，堂而皇之地表白對性的好奇心的類型。尤其是黃湯下肚時因抑制力的紓解而有出人意外的行止。但是，由於具有陰晴不定的傾向而難以持續。

問3　和理想的她……

您和您的未婚妻正面對面地站著談話。

請在您的腦中描繪您的未婚妻——實在的人物或只是理想中的女性都可以——在左圖的中央描繪其輪廓。

圖中已描繪有一隻左腳，請添加剩餘的部份。

同時，請您在其左側也描繪自己的模樣。

當然，不必在意圖畫的美感問題。

答3　大男人主義或大少爺傾向……？

首先請各位比較您所描繪的「理想的她」的輪廓和自己本身的輪廓的身高。

〈解說〉

①描繪身高比自己矮的女性的人

這是認為「一般的夫婦是男性身材較高」的常識型。基本上具有婚姻乃是「娶妻」的觀念，男為主女為副的意識歷歷可見。也許多少還具有任性的傾向。因此，即使雙方是戀愛結婚卻無法讓妻子接受這種強烈的大男人主義願望，夫妻間很容易產生摩擦。所以，可能較適合相親結婚。

②描繪身高比自己高的女性的人

可以說是戀愛結婚型吧，對女性的崇拜意識非常強烈，具有大少爺的特質。一旦燃起

①
②
③

愛的火花往往不論對方身高與否、年紀相差多少也在所不惜。尤其潛藏著渴望低齡的大姊型妻子，對自己無微不至地照料的願望。

③描繪身高與自己一樣的女性的人

描繪身高與自己同高或略低的女性者是屬於戀愛型。強烈地渴望結婚對象是能與自己平起平坐、在對等的立場交談的女性，認為「朋友夫婦」是最理想的婚姻類型。標榜「主夫」而不引以為忤的也是這種類型。

這個測驗還有另外一個診斷要點。那就是您所描繪的他和自己本身的「腳的方向」。如圖所示請注意您所描繪的腳和另一隻腳是呈平行（腳尖靠攏的狀態）或張開的狀態。

①她和自己的腳尖都呈併攏的狀態

如圖所示與對方盡量保持距離的人似乎和所描繪的「理想的她」的匹配性欠佳。您自己本身已有所察覺，但唯恐受到傷害而變得非常消極。您的思想必須有所轉變。

②她的雙腳併攏，而自己的腳則呈張開狀態

喜好主動而積極地領導屬於乖順類型的她，是充滿著野心的類型。有時可能在征服願望的支配下而利用對方的弱點趁虛而入、以財力制服對方，而陷入缺乏人情味的人際關係。應該多為對方的感覺著想，增加一點體貼之心吧。

③她的雙腳張開而自己的腳尖併攏

從這裡也顯示了您所具有的大少爺氣質。只一味地期待女方積極的領導，自己彷彿大少爺一般卻沒有任何行動表示。如果對方是老媽妻子型的女性，雙方的匹配性也許還不錯，但是，如果不努力向對方坦率地傳達您自己本身的感受，極有可能令對方感到厭煩。

④雙方的腳都呈張開的狀態

是兩心相悅的關係，認為最理想的男女關係是彼此坦誠以對，不隱藏秘密的人情家類型。正因為如此對背叛的行為極為敏感，同時還具有易熱易冷的一面，往往因為一點小爭執或言詞上的不一致而成為導致分手的火種。

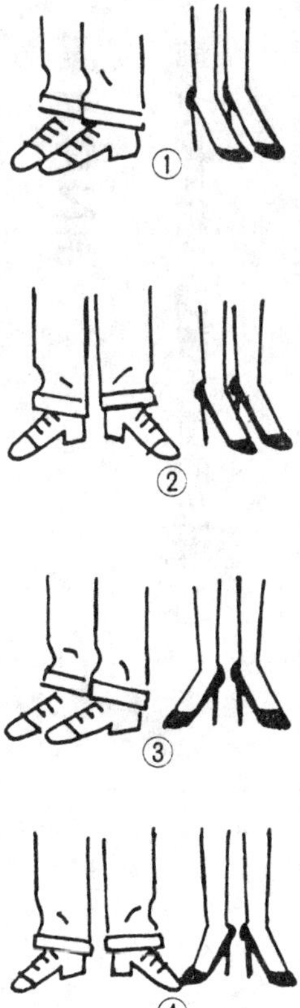

問4　某女性之死

首先請各位仔細地閱讀下面的故事。

單身貴族的電視明星王嬌麗，由於身邊經常有異性的追求者，而成為媒體界爭相報導的寵兒，但是，有一天她服用安眠藥自殺，區區二十三歲的妙齡就離開人間。

她在自殺的當天晚上，打電話給六名男女。對方及其談話內容如下所述。

首先是電視明星的嚴信武（二十五歲）。

王嬌麗和他曾經同居過一段時間。但是，一個禮拜前，嚴信武回到住處時一眼撞見嬌麗竟然和花花公子聞名的電視台的導播林大助（三十五歲）

，恥為人知的激烈性愛場面。嚴信武狠狠地痛毆二人後離去。而今天他打電話給嬌麗說：「這是我和妳的最後一通電話。」

嬌麗陷入絕望。她服用多量的安眠藥後靜靜地躺在床上。拿起床頭的電話想再打一通電話給嚴信武，她說：

「我真的愛你。被你誤解已讓我失去生存的勇氣。為了證明我對你的愛情，我要自殺。」

但是，打這通電話之後她突然對死亡感到害怕。因此，她又打電話給那位花花公子林大助告訴他說：「請趕快來救我！」

但是，他正好和一名女子享受著男歡女

愛的遊戲，因此回答說：「我無法緊急趕到。」

因此，這時她突然想起從前曾經向她追求過的，叫做陳山郎的男子就住在附近，於是打電話求救。但是，陳山郎一口回絕說：「別把我當猴子耍了！」

接著她打電話給學生時代的一位好朋友，不過，那位叫做許明美的朋友日前因一點摩擦而斷交。許明美話還沒聽清楚即憤怒地說：「事到如今還要說什麼！」而把電話掛了。

因此，她又打電話給附近經常前往診察的醫師，然而醫院方面的回答是：「現在剛好不在。」最後她撥了電話號碼打算再打一次電話給她的男朋友信武。

但是，不知是否漸漸朦朧的意識所造成的錯誤或交換機的惡作劇，竟然打到陌生人的家裡。

對方說：「快要死了？救命？三更半夜的可別開玩笑！」憤然地把電

話掛斷。

結果她終於失去意識而沒有再醒過來。

※　※　※

那麽，王嬌麗掙扎著求生存卻死於自殺，這到底是誰的責任？請您把自認最應負責的人用阿拉伯數字從１開始依序塡寫在下列人選上的括弧內。

（　）王嬌麗（本人）　（　）嚴信武　（　）林大助

（　）陳山郎　（　）許明美　（　）附近的醫師

（　）接電話的陌生人

答4　認識您的偷情度

這個測驗是德國的社會心理學家所考察出來的，是根據簡單的故事以探討個人所具有的潛在性的性倫理觀、道德觀、人際關係的觀度。故事中的人物各強調日常生活中的各種意識或價值觀。而這個測驗的診斷基準是您認為第二順位應負責任的人物。你到底在誰的名字上的括弧內塡寫上2的數字呢？

附帶一提的是，這個測驗的診斷基準之所以不是「認為第一個應負責任的人」，而是「第二個應負責任的人」，乃是因為第一個人物多半是表面上的答案，而第二個人物很容易暴露內心的真正答案。

〈解說〉

①選擇王嬌麗本人為2號的人　因戀愛對象而無法控制自己的偷情型。平常是認真、貞節的人，但是，一旦心情顯得浮躁不安或感到寂寞時，就會渴望在不尋常的戀情上尋求

刺激。

②選擇林大助為2號的人　明知做壞事卻食髓知味的狡猾型。本來就具有強烈的偷情願望，對性的關心也大，一天也忘不了異性的事情。

③選擇陳山郾為2號的人　偷情危險度滿分型。雖然已有妻室或情人卻又與其他異性糾纏，腦海中只想著性的事情。

④選擇許明美為2號的人　反常偷情型。如果您是男性也許充滿著對女性的不信感。若是女性則是屬於重視友情或信賴感的類型。基於同情而發展為戀情，從友情而進入偷情……極有可能陷入變態戀情的世界。

⑤選擇醫師為2號的人　似乎過去曾經與「醫師」之間有過不快樂的經驗，或被朋友或值得信賴的人背叛的慘痛……。

⑥選擇陌生人（以客觀而言最沒有責任的人……）為2號的人　潛在性的偷情、危險型。當發生某些問題時很容易獨斷獨行或具有在會議中力排衆議而強行貫徹己見的傾向。

⑦選擇嚴信武為2號的人　持續力不足的偷情型。如果發生偷情關係會充分地享受不尋常戀情中的刺激與情愛。但是，燃燒的快冷卻的也快。也許會令對方有難以配合之苦。

問5　在什麼地方打招呼？

英俊瀟灑的您，眼前有一個如左圖的深谷，谷上搭著一座吊橋。從吊橋對面走來一位年輕貌美的女子。你想向她搭訕，而且可能的話渴望與她接近。

那麼，你會在她走到什麼地方的時候向她打招呼呢？

①吊橋之前。
②吊橋之上。
③渡過吊橋時。

女子
自己

答5　瞭解花言巧語的伎倆

這是模擬達頓和亞倫的吊橋實驗所做成的測驗題。

這個測驗簡單地說是觀察對方在渡橋前，或渡了橋經過十分鐘以後，以及在渡橋的過程中向其打招呼的不同情況下，調查那一種情況的「獵艷率」最高，結果發現「渡橋的過程命中率最高」。

這是因為人在渡橋時的緊張感會強烈地影響到性興奮。從實驗中發現因當時的激昂情緒會使人對事物的看法、感受程度產生許多的變化。

當然，不僅是那位女子，你自己本身也是怦怦心跳，所以，站在吊橋上看對方會比平常顯得更具魅力。也許渡過橋後在一般的狀態看到對方，會令你大失所望……這一點我可負不了責任啊！

這個測驗的原版是女性向男性打招呼，而這裡則反過來做為男性的測驗。

〈解說〉

在①打招呼的人

總是先有感覺卻無法圓滿地傳達自己的心情，結果心生焦慮而蒙受損失的類型。請不要忘記女性是招架不住氣氛誘惑的生物，希望您能帶著寬裕之心主動進擊。

在②打招呼的人

屬於談戀愛的高手。也具有保持彼此間的對等立場的男女平等論者的一面。

在③打招呼的人

保持冷靜而想讓對方陷入自己掌握中的類型。從這一點看來可謂真正的作戲高手，不過，有時可能因作戲太多而自掘墳墓。應該多少留意到暴露自己的真面貌也是「作戲」的方法之一。

問6 睡相觀性

人躺在床鋪上直到早上睡醒之前會反覆翻躺數次，一個晚上會呈現各種不同的「睡相」。

從另一個觀點看來，我們每一天晚上是在睡眠中不停地測試各種睡姿，以找出令自己感到最為舒適的姿勢……換言之，早晨睡醒時所採取的姿勢才是您一個晚上反覆著，試行錯誤所追求的最極致的「鬆弛姿勢」吧。

因此，請你回想今天早晨的睡相，從次頁的圖中選擇一個最接近的答案。

或者你也可以觀察現在正熟睡在你身旁的女性的睡相，而做一番診斷，這可是個有趣的遊戲喔！

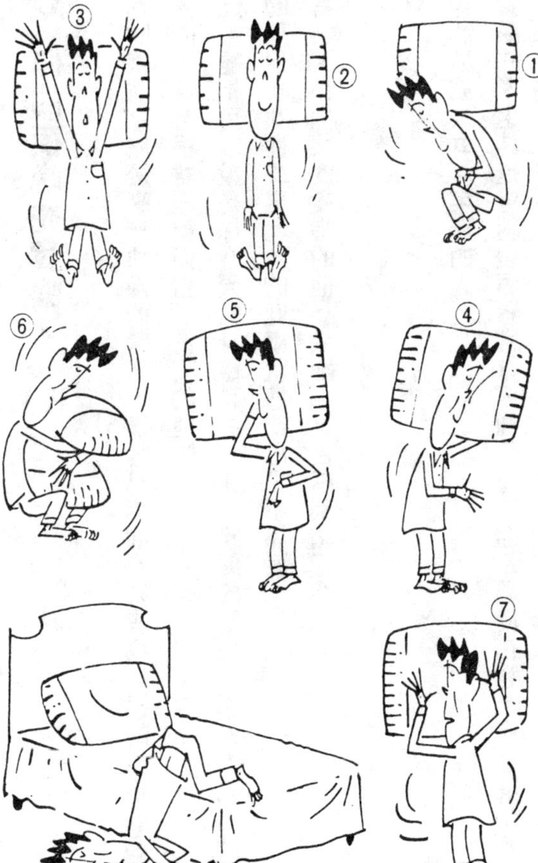
③
②
①
⑥
⑤
④
⑦

答6　你的夜晚充實嗎？

人在睡眠時是處於毫無防備的狀態，很容易拆卸心防表露自己的性格或心理狀態，據說古時候的人甚至根據睡相而占卜當天的運勢。

因此，睡相可以說是你當天的身體狀況、精神狀態的指標。那麼，我們接著就來診斷你或你的伴侶（女性或男性）的健康狀態或慾求不滿度。

換言之，和你共度夜晚的他（或她）是否感到滿足？

〈解說〉

①身體縮成「コ」字形的人

內臟系統、尤其是胃腸衰弱者常有這種睡姿。這是過於在意芝麻蒜皮小事的神經質者的睡相。和你共度良宵的對方若出現這種睡相時，其欲求不滿度達百分之七十。對方在精神上感到疲倦。尤其是在生活環境產生變化之前或旅行等，有新的狀況要發生之前常見這種睡相。有此睡相的女性對於比自己年長數歲的男性帶有好感，強烈地渴望能依賴對方。

②仰躺、雙手貼靠在身側的人

含蓄而內向，所謂賢妻良母型的女性常見的睡相。在健康面上有可能是呼吸系統，尤其是支氣管較弱的傾向。你的慾求不滿度是百分之四十，會顧慮自己能力的界限而採取行動，不會因夢想和現實的出入而感到煩惱的類型。女大男小的搭檔的匹配性好。

③仰躺、雙手張開呈「大字形」頭靠在枕上而睡的人

本來這是嬰兒常見的睡相。如果成年人有這種睡相多半是體力旺盛、充滿著活力、與疾病幾乎無緣的類型。正因為如此，很容易怠惰健康的管理而造成危險。你的慾求不滿度是百分之三十。可以說是懂得充分發洩慾求不滿的人。

④左側朝下呈側躺的人

理想高、經常不斷地追求嶄新的事物，勇往直前的積極性幾乎令周圍人敬而遠之。在健康方面很可能因為每天晚上的應酬酒而導致肝臟的障礙，這種生活形態要特別注意。你求不滿度是百分之四十。不太喜歡過於直接的性愛，是重視氣氛的類型。

⑤右側朝下而睡的人。

這種睡相以女性為多。小心謹慎、做任何事都慎重以對，會忠實地實踐所被交代的職務的認真性格。心臟或血管系統容易出現疲乏。您的慾求不滿度是百分之六十。往往會因為一件事而愁眉不展，甚至憂愁到無法入眠的程度。總是悶悶不樂、常感到後悔。如果男性呈這種睡相，多半是怕老婆的人。

⑥側躺而睡、緊抱著枕頭的人

不服輸的性格、處事積極、具有超強的耐力、精力充沛。令人感到一股頑強的生命力、從無任何疾病的徵兆。至於慾求不滿度，因精力過於充沛，而高達百分之七十。

⑦俯臥而睡的人

強烈地渴望依附在某種強勢力下。由於急切地渴望轟轟烈烈地一戰決勝負，因此，一旦發生重大的失敗時極可能喪失自信。慾求不滿度高達百分之九十。如果是女性有這種睡相，可以說是強烈地表現出渴望被親吻、擁抱等被動狀態下的慾望。若要令她滿足，男性必須具備相當的「勇猛、執拗」。

問7　請描繪下來

請準備紙和鉛筆。然後將下圖那位美麗女子的插圖仔細地呈左右對稱地描繪下來。

請不必在意繪畫的靈巧與否，放鬆心情來描繪。

答7　對異性的關心度？

辛苦您了。各位也許因為「左右對稱」的要求而頗費心思吧，事實上很抱歉的是這個測驗的診斷重點是在於，「您是從那個位置開始描繪這位女性？」您最初所描繪的部份——您看異性時最受吸引的部位，亦即對方魅力的焦點在那裡？

〈解說〉

①從頭髮開始描繪的人

頭髮據說是女性的生命，對於女性的頭髮感到最有魅力的人不論是男性或女性可能都是具備相當女性化氣質的人。在勁敵意識的作祟下感到彷彿面對同性的要素，對異性的關心度極高。

②從眼睛開始描繪的人

渴望在對方身上追求某種神秘的東西，而實際的體驗卻貧乏的類型。雖然對異性極度關心，卻難以表露在外。

③從輪廓開始描繪的人

對異性的關心並不高。或者可能是故意壓抑著。若是這種情況一旦因某個機緣而除去偽裝的外殼，極有可能搖身一變為對異性的強烈執著。

④從眉毛開始描繪的人

男性多半是具有戀母情緒的人。不論是女性或男性，對於做為戀愛對象的異性的關心並不高。

⑤從鼻子開始描繪的人

自己也充分地自覺到是帶有變態趣味的人吧。不僅是異性，對性方面的事物極具關心。

⑥從口開始描繪的人

把對方當作性伴侶的意識非常強烈。並不只是「對異性的關心」而已，簡直是性慾過盛的類型。

問8 最適合的鑰匙？

請想像有一個如左圖的小屋。請試著在腦海中想像這棟小屋的大門的鑰匙。打開這棟小屋大門的鑰匙是呈什麽樣的形狀呢？請從①～⑤的鑰匙中挑選一個最接近您的想像的鑰匙。

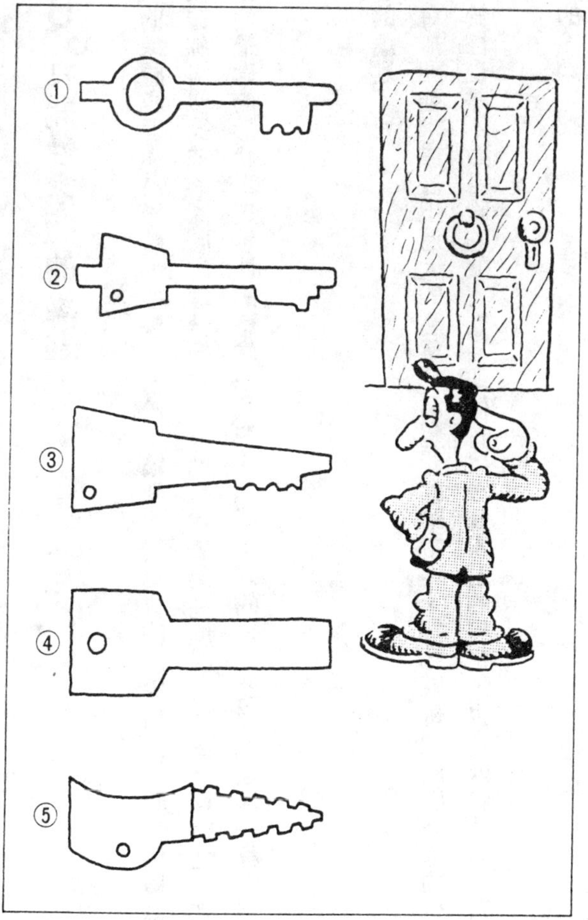
①
②
③
④
⑤

答8　打開性之門的鑰匙

人的深層心理極為微妙，據說人對於「鑰匙」所具有的印象和性慾的關係極為密切。根據佛洛伊德式的深層心理分析法，鑰匙是代表男性度、女性度。換言之，您在心中所描繪的鑰匙的形狀是表示性的慾求或狀況。你所挑選的鑰匙的形狀是那一種呢？

〈解說〉

①的鑰匙

不會無理強求或表現過大的慾望，渴望能腳踏實地、按部就班地向前努力的類型。對於性也是不做冒險的誠實人。即使有另一個邂逅的機會，也會因膽怯而不積極採取行動。

②的鑰匙

追求浪漫情調的羅曼蒂克的人。為喜愛的人奉獻自己，凡事站在對方的立場為對方思考的溫和類型。

內心充滿著懷念過去的愛經驗或已經結束的戀情。喜好身材苗條的對象。

較重視二人獨處的情調或感情，勝於性愛的類型。

③的鑰匙

具有行動力、不服輸的性格。積極地向嶄新的事物挑戰的類型。

在性方面也是積極而強烈，平凡的戀愛方式並無法獲得滿足。也是熱情充沛的人。但是，很可能變成過於執著或糾纏不休。

④的鑰匙

對工作或賺錢充滿著企圖心，會標榜自己遠大的目標而採取行動的類型。目前應該也處於正積極地向嶄新的事物挑戰的狀態。

渴望擁有另一個戀愛故事的意願也極為旺盛。

⑤的鑰匙

因慾求不滿而心浮氣躁或感到強烈不滿的人。反抗心強、個性有些彆扭。缺乏坦率接納對方忠告的坦蕩心胸。

這種類型的人對性也經常抱有強度的焦躁感。追求不平凡或變態的性愛，也常有外遇的念頭。

問9　喜歡那一個標誌？

請仔細看看左邊四種標誌。您最喜歡那一個標誌？請依所喜歡的程度在各個標誌上寫上1、2、3、4的號碼。

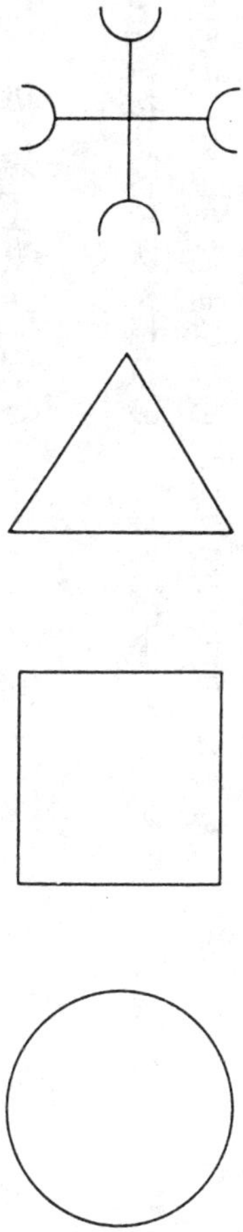

答9　性是正常或異常

這四個標誌各象徵某種意識，憑直覺寫下「喜歡」的順位，即可暴露您自己也毫無所覺的性的潛在願望，從而瞭解您的性願望是正常或異常。

在進行診斷之前，首先對各個標誌所代表的含意稍做說明。

「圓形」是象徵「愛情或性愛」，寫出帶有圓體文字或喜好圓形的人，非常重視人際關係中的愛。

圓是代表心中的愛情慾望，是精神之愛勝於肉體性愛的類型。

「四方形」是把四面八方穩穩地包圍住──是象徵「家」、防衛自己的事物，亦即表示防衛本能。四方形所代表的是家庭、安全感、渴望被保護、值得信賴……。

「三角形」是表示行動力、體力、熱情。同時也是象徵「男性化或性」。

「十字形」，帶有裝飾的十字形有點複雜又具變化，是表示追求某種奇特事物的「心理、夢想、幻想」。

〈解說〉

那麼，接著我們來看看你塡上自己喜好的順位的標誌。

換言之，挑選為第1號的標誌是表示您目前所要追求的事物。

①選擇十字或△的人

對性的關心非常強烈，渴望被愛或愛人的慾望比他人更為熱烈。同時，充滿著精力、對性的慾求也極為強烈。如果是精力絕倫的對象則是最好的搭檔。

性願望可說是正常。

②選擇○的人

愛情的表現法具有個性，重視情調，致力於創造氣氛的類型。

多半是浪漫主義者，不過，如果行之過度會一再地追求怪異的行止，而沈迷於虐待、性被虐待或複數性交的性愛享受，結婚之後也會有夫婦交換性交的慾望。

③選擇□的人

對性帶有極大的憧憬，卻也會感到不安，因此，具有拚命壓抑自己的慾望，而保持拍拉圖式關係的傾向。

換言之，平常對性可謂淡泊無慾。但是，如果出現匹配性好的對象，也可能急劇地拓展性的視野。

平常具有正常的性意識，但是，其中有可能因為壓抑心過強而出現過於執著柏拉圖式戀情的異常。

問10　湯匙放在那裡？

某個晴朗的星期天的午後二點五十分。

您在街上的某個時髦咖啡店的角落等候某個女子。你從一點五十五分就一直坐在那裡等候她。

餐桌上有一個裝著紅茶的茶杯。您手上拿著湯匙，把砂糖放在紅茶裡攪拌。那麼，接著您會把湯匙放在茶杯的那個位置？

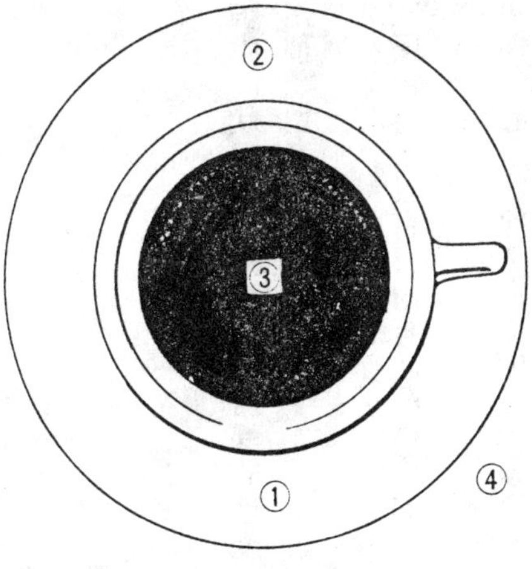

答10 包容力大或小？

這個測驗是要診斷你的包容力的大小。

放在①「茶杯的跟前」或②「茶杯的對面」的人

神經質的嘮叨型，也非常講究禮儀法度。處於測驗中的狀況下會盡量保持冷靜的態度，然而事實上早已怒火沖天而失去理論性的思考力。這種類型者的包容力極小。

放在③「茶杯中」或④「餐桌上」的人

這是屬於不拘泥細節、處事寬容的類型，不受形式所束縛，具有自由奔放的構想的人。具有相當的包容力。

從這個測驗，您是否可以理解等候女朋友到來的男性的心理狀態？當男性帶著忐忑不安的心情等候女朋友時，理所當然地多少會違反禮儀。因此，可能將湯匙直接放在茶杯中或隨意擺放在餐桌上。如果是餐桌禮儀的測驗，①的位置才是正確的。但是，在這個狀況下③或④才具實地表露出人性。

第四章

開發智能
能力測驗

您的判斷力、記憶力敏銳嗎？您具有圓滑的構想力嗎？
您是屬於容易陷入錯覺的類型嗎？是舉棋不定的性格嗎？
本章的測驗可以立即診斷您的智能水準。您可以從中發現隱藏在另一個角度的自己的能力。

問1　繞圈子的阿彌陀籤

請在左邊的阿彌陀籤上首先由下往上依線路前進，來到彎道後再由上往下降落。①到⑤的起點中只有一個可以到達終點，若從其他4點開始進行只會爬上爬下而回到另一個起點。請在兩分鐘以內立即回答那個號碼是通往終點的唯一途徑。

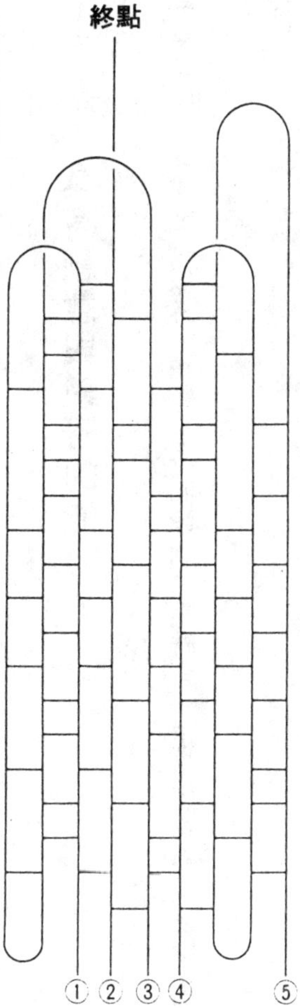

答1　是否具有創意與鑽研的能力？

答案是①。如果從①以外的起點進行而達到終點時，一定是您在前進途中出現差錯。

〈解說〉

這個阿彌陀籤如果從下端爬到頂點必須反過來由上往下降落。這樣的動作使人的眼睛難以跟從，很容易因而出現差錯。

那麼，您對於這個阿彌陀籤的反應是下列中的那一種？根據阿彌陀籤的解答法、反應可以診斷您的能力。

①途中覺得麻煩而放棄的人

集中力不足、性急。也缺乏順應性、創造性。希望您能反省一下自己的腦筋是否有點僵硬。

②做了之後卻出現不同答案的人

雖然是屬於個性認真的類型，但是欠缺對環境變化的適應能力，總是拘泥於過去的經驗或前例。

如果不養成腦筋靈活運轉的圓滑性，在瞬息萬變的現代恐怕有太多壓力的負擔。

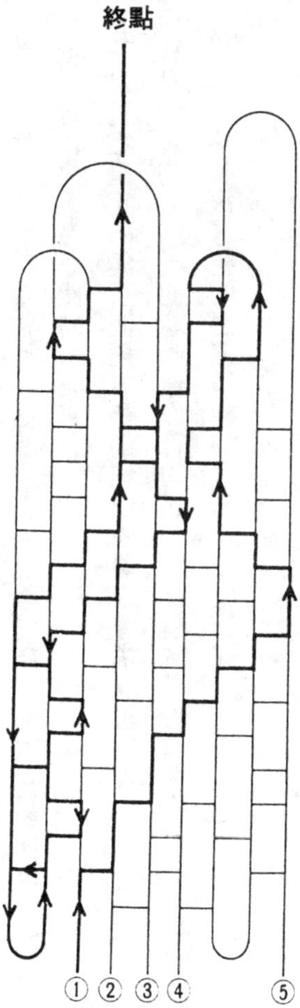

③按部就班地作答並得到正確答案的人

集中力強，喜好向嶄新的事物（譬如語學等）挑戰的類型。很容易獲得上司的信賴。不過，也許多少具有缺乏融通性的一面。

④姑且不論答案是正確與否而把本書倒轉或橫擺以尋求解答的人

想藉由移動本書的方向祈使能輕鬆作答的您，富有相當好的順應性，是隨時能利用個人的創意、鑽研而使狀況好轉的態度積極的人。

——事實上，從人的眼睛左右並排為二的事實看來即可明白，人的視覺較能掌握橫向的變化勝於直向的變化。因此，如果把本書做九十度的傾倒應該就容易解答這個問題。

問2　猜數謎語

以下有數個有關「數字」的謎語。請各位迅速地依序作答。另外，必須準備一個有秒單位可以計算的時鐘，以測量所花費的時間。那麼，現在就開始！

①九千九百九十萬九千九百九十九加一等於？

②打六折後的六千元的時鐘、打五折後七千元的眼鏡、打四折後八千圓的領帶。當中那一個最便宜？

③在馬拉松的競技場上，由後追過第三位外國選手的日本選手一路跑向終點。請問他是第幾名？

④有二個男子五官長相、身材模樣、本籍及出生年月日完全一樣，所不同的只有名字……有人問他們：「是雙胞胎嗎？」所得到的回答卻是「不是」，這到底是怎麼回事？

⑤１２４８１６１２……接下來的數字是什麼？

答2 你有注意力嗎?

①九千九百九十一萬(是誰回答說一億……)。
②最便宜的當然是六千元的時鐘。
③追過第三位當然是第三名。
④三胞胎或三胞胎以上。
⑤1—2—4—8—16—12……換言之只要將前面數字的個位數乘以二倍即可。答是4。

〈解說〉

後半段的測驗題多少需要一點聰明的概念,不過,前面的①、②是只要詳細閱讀問題,以一般的常識來思考即可以獲得正確答案的問題。答錯①、②中的某一題(或兩者)的人似乎可以說是注意力散漫,很容易因疏忽而犯下過錯的糊塗人。在緊要關頭更應留意使自己的心情保持平靜。

問3　找出隱藏著的法則

下圖的十根火柴棒看似混亂無章。

但是，如果仔細觀察必可發現這些火柴棒是根據某個法則而做的排列。那是什麽法則?請思考一下。限時三十秒。

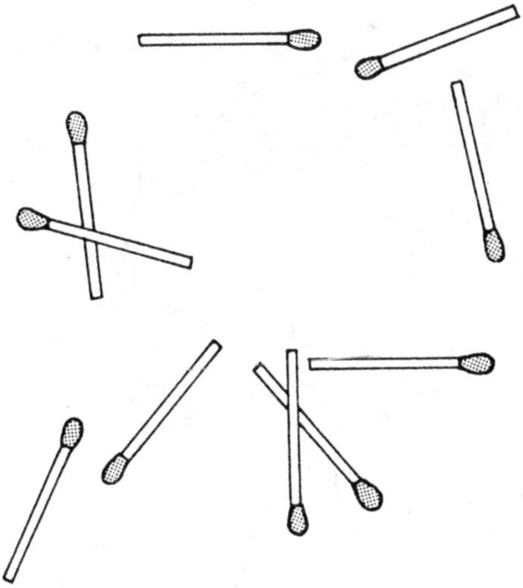

答3　精神狀態的安定度？

答案如下圖所示。如果只注意火柴棒的頭而不管棒軸部份就能找出其中的原委。換言之，火柴棒的棒頭都位於一個圓的圓周上。您的答案正確嗎？

〈解說〉

這是典型的應用形態心理學的測驗。

這類測驗是做為診斷兒童的精神發達或智能的方法，已有相當高度的研究。亦即所謂的「班達・形態測驗」，這是在一九三八年由班

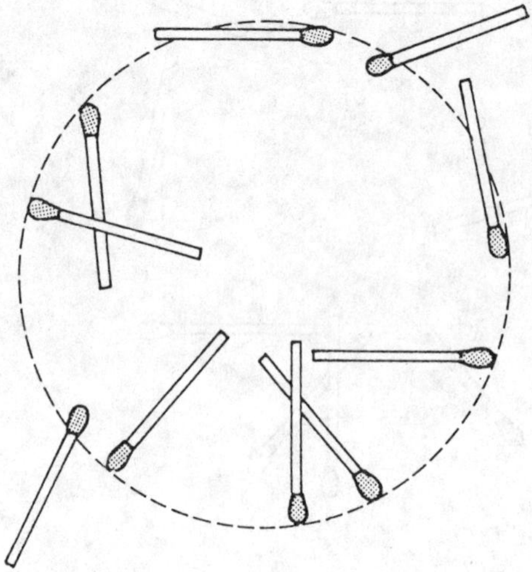

達女士首創，不久推廣到全世界。

根據部份的事實而知覺整體印象時會出現各種個人差異。

在形態心理學上把利用部份的事物（諸如一根火柴棒）以知覺整體面貌的現象稱為知覺的「體制化」。

從有如一盤散沙的圖形中發現貫穿整體的法則——換言之要洞察事物所隱藏的本質必須具備能確實地辨別「何者為重要、何種為多餘的要素？」的能力。這也許可以說是將事物抽象化的能力，以大局掌握事物的判斷力吧。

從零星報導的新聞中判斷世界局勢、探討消費者的需要或分析麻將的配牌、手拿著賽馬報紙而預測大賽的結果、看見學業成績表，而思考適合自己的職業……每一樣事情究其根本無非是根據這種大局觀的能力。

換言之，對我們人類而言是一種不可或缺的精神作用，當心中有某種煩惱而處於精神不安定的狀態時，這種能力往往會變得遲鈍。而這時其實才需要這種能力……。

①在限時三十秒內做出正確答案的人

立即找到答案的您可以說精神的安定度非常高，是處於精神上最佳的狀態吧。

②雖然超過時限卻找到正確答案的人

為了讓讀者各位有點壓力感而限時三十秒，不過，這項測驗並非關乎頭腦運轉的快否，因此，花了幾秒鐘才找出答案，事實上並非問題的所在。

超過限時時間仍然耐心地活動大腦思考，而最後得到正確答案的您，在精神方面的安定度也相當高。

③無法解答的人，想不到答案而看這頁解答的人

精神上多少處於不安定的狀態。姑且不論您自己本身是否已有自覺，極有可能在內心深處隱藏著某種煩惱或不安。

依目前的狀態對於目前所產生的任何小問題都會感到牽腸掛肚，很可能因想不到良好的解決之策而左右為難。

不論男性或女性，都缺乏對公司或家庭裡的工作集中精神的能力。

何妨讓自己輕鬆一下呢！

問4　造字挑戰

請畫一個正方形，然後再畫一條橫線在其正中央。對了，這就是一個「日」字。

那麼，在這個日上再添加一條直線，在您想得到的範圍內盡量造字。你可以造幾個國字呢？（限時五分鐘）

答4 您的構想豐富嗎？

白 田 旦 申 甲 由 旧 四 目 中 日 口

〈解說〉

這是測驗針對某個對象是否能堅持到底地深入探討，而想出構想的問題。任何人可能想到的大概是下列的國字吧。各給一分。

①白 ②田 ③旦 ④申 ⑤甲 ⑥由 ⑦旧……各一分

另外，雖然字體稍欠平衡卻也可能出現下面的國字吧。由於您的獨創性與積極性各給兩分。

⑧四 ⑨目……各兩分

而能夠想到「在既有的線上重新畫一條線」的技巧的人，也許會想到下面的國字。各給三分。

⑩中 ⑪日（這也是了不起的答案）……各給三分

最後，如果有人想到「添加一條白線而把既有的線條去除」，則可能出現下列的國字。這也各給三分。

⑫口　⑬白　⑭臼……各三分

創造上述以外的文字的人……即使所創造的國字連你也不懂的「感性字」更是了不得。同樣地一個給三分。

那麼你總共拿了多少分？無需贅言分數越高，即表示您的獨創性越強，旦是，附帶一提的是這種測驗並非分數越高越好。

①六分以下的人……屬於常識人類型，構想的飛躍度低，但是，是值得信賴的人，適合管理職。以穩紮穩打的努力建立自己的地位，創造性的工作則委任部屬處理……適合這種工作態度。

②七分～十分的人……一般型。在獨創性方面有差人一等之嫌，因此，並不適合以百分之百的企劃力或創造力做勝負的職業，但是，對於利用周遭人事物的創意累積以謀求在成果上提高最大效率或品質，亦即對所謂的TQC運動（生產性運動）極為熱心的類型。

③十一分以上的人……屬於獨創型，一旦對某一事物產生興趣即渾然忘我地沈迷其中的類型。嶄新的生意構想層出不窮，適合創造性的職業，也是位成功的藝術家。但是，社交性較低又具固執自我鑽法律漏洞的一面。若是上班族是屬於渴望獨立創業、轉職的類型。

問5　插圖印象度測驗

請各用3秒鐘看左頁的4個插圖之後再回答次頁的簡單問題。

②
①
④
③

問1　①的年輕女性有什麼特徵？
(a)載眼鏡　(b)無名指戴著戒子　(c)背景有噴水池

問2　②的插圖中位於畫面左下的是？
(a)船　(b)木筏　(c)流木

問3　③的插圖中拿小刀的是誰？
(a)流氓打扮的男子　(b)上班族打扮的男子

問4　④的插圖中女性所穿著的泳衣是？
(a)比基尼　(b)連身泳裝　(c)全裸

答5　是否受先入觀所束縛？

事實上這個測驗中只有對問3所做的回答才是測驗的目的。換言之，唯有③的插圖才是重點所在，其餘的只不過是為了混淆您的記憶的障眼法。

對於問3你做何回答呢？大概有不少人回答是(a)流氓打扮的男子吧。

如果仔細地觀察必可發現答案是(b)上班族模樣的男子手上拿著小刀（當然，本書的讀者早已心存警戒認定本測驗無非又在玩什麼把戲，因此，極有可能不會上當……）。

〈解說〉

這本來是美國的心理學家歐爾博特做為研究「偏見」的測驗的翻版。歐爾博特所使用的原版插圖是一個白人和黑人爭執的場面。

把這個插圖讓美國人觀看而進行實驗後，竟然有半數以上的人做出與事實相反的回答，認為拿「小刀的是黑人」。

人對於自己記憶中曖昧不明的部份，在無意識中似乎具有憑藉先入觀給予捕捉的傾向。而可怕的是自己會完全地信服因先入觀所歸納的結論，甚至一口咬定是：「我清楚看見，絕對是那位黑人拿著小刀。」這個錯覺的誤導慢慢地就會擴大為偏見。人的先入觀極為可怕，使人無法正確地觀察事物。

問6 耐性度測驗

——當然，各位不要以為接受這個測驗就能增強耐性，不過，如果做這一點測驗就怨聲載道恐怕難以在競爭激烈的現代社會中存活了。

因此，首先請先耐著性按部就班地做這個測驗吧。

方法簡單，請找出左頁圖中的□和□的二種記號，用鉛筆一一把其□的框內塗黑。

答6　具有相當的忍耐力嗎？

如果耐性十足地挑戰到底一定會出現一個忍耐的「忍」字。

〈解說〉

這個測驗結果的診斷非常單純，從頭到尾的人具有耐性，途中放棄的人則缺乏耐性。

不過，這個測驗從後半以後作業應較為輕鬆。因為，不停地將正方形框內塗黑時，途中必會察覺到最後可能出現某個文字吧。

即使顯得單調又無趣的作業，一旦找到某個可以依循的法則後，整個作業性質會產生極大的變化。換言之「已知道目地所在」了吧。

在讀者各位每日的工作中如果能找到某種法則性而給予處理，相信一定能處理得更為完善而迅速。

不論任何事不要只茫然地處理所被交待的任務，應主動而積極地面對它。其實這應說是培養「耐性」的科學性的方法吧。

問7　第九架飛機是？

左邊八架飛機是根據某個法則而排列。請根據該法則從圖下的①～⑥中選擇一架最適合填在右下空欄上的飛機。

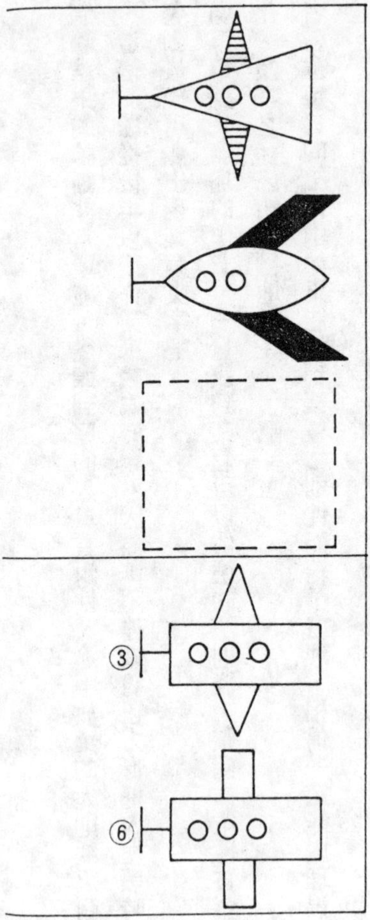

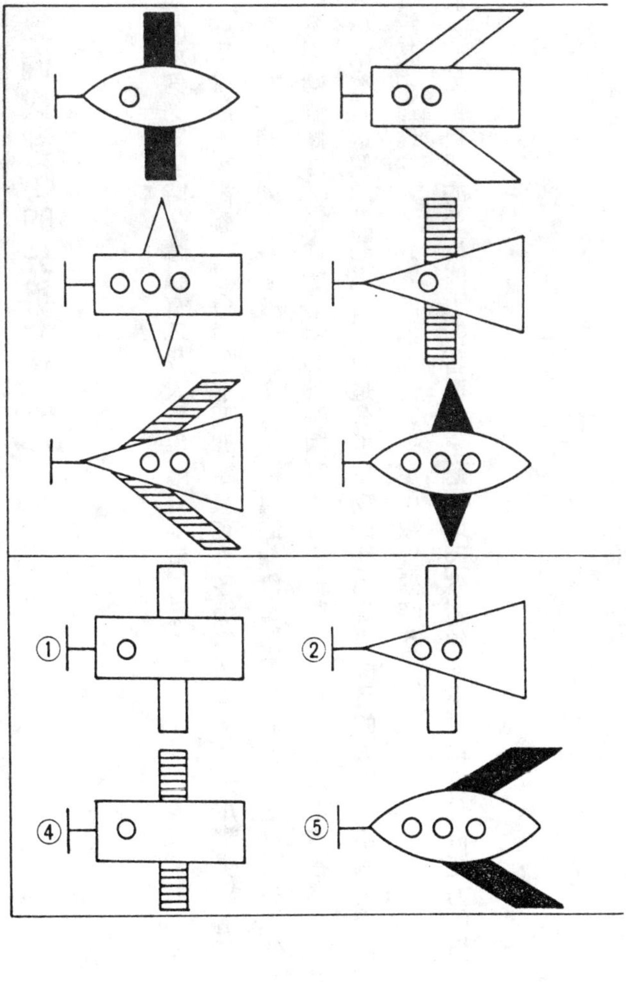
①
②
④
⑤

答7　具備找到①的分析力嗎？

〈解說〉

對整體圖形匆匆一瞥時，應該有不少人覺得頗為困難的樣子吧。

但是，如果冷靜下來觀察，必會發現這個問題具有許多線索可尋。您一定察覺到這些飛機不論是在直、橫的行列上各個機型、窗數、機翼的顏色、機翼的形狀都呈不同的排列。只要從中發現兩個條件，根據所提示的選擇內容，一定會明白只有①才是正確答案。

因此，無法解答這個問題的人可以說是分析事物的能力尚未開發的人吧。不過閱讀這個解而能理解其中道理的人，只要能稍加留意一定可以獲得解答。

換言之，必須對自己的分析能力帶著自信、耐性地觀察對象。這是培養分析能力的捷徑。

●有益的應用問題

在左邊八個圖形的右下空欄上應該描繪那一種圖形。在此並無答案的選擇內容說明，請自己思考之後再描繪下來。

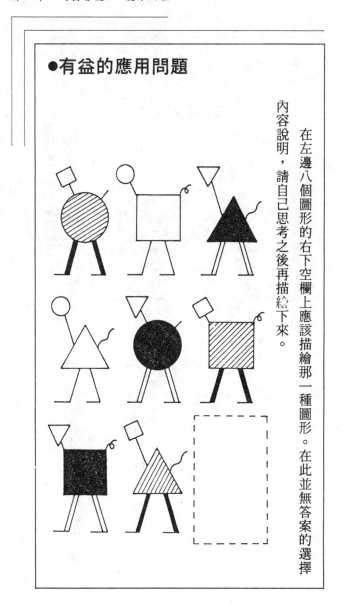

〈有用的應用問題的解答〉

描繪如左邊的圖形。只要發現臉型、身體、腳型的法則立即知道答案。

問8　咦？那一個重？

這裡有一個磅秤。兩端所垂吊的盤上各放著一個大小不同的瓶子。不過，並不知道瓶中放著什麼，也不知其份量如何。

那麼，這個磅秤那一個較重呢？

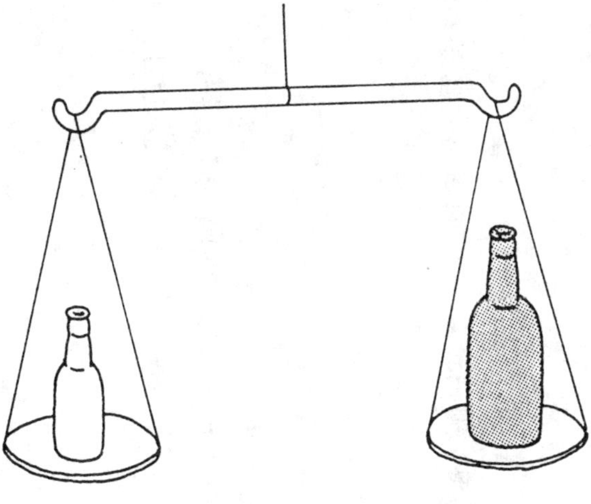

答8　是否具有大膽的構想？

既然各個瓶中不知放著什麼東西，而份量也不得而知，因此，認為那一邊重都可以。也許小瓶子中裝滿了水，大瓶子內空空如也，也有可能左右調整為一樣的重量……這些情況都不無可能。

〈解說〉

①認為大瓶子較重的人

根據瓶子的大小而推測及重量的您，是無法做大膽構想的常識型。對任何事常有依常識做判斷的傾向。

②認為兩者等重的人

「哎呀，麻煩了，就把它當成一樣重吧！」諸如這般具有魄力的構想的您，是屬於大膽型。面對任何事物都會主動積極地處理，渴望能參與其中的自主性強烈的性格。

③認為小瓶子較重的人

認為較小的瓶內可能裝塡較重的東西，這種構想乍看之下顯得大膽，事實上有這種構想的人是神經較為細膩的人。對任何事情都以嚴謹的態度處之，是個神經質的人，具有違背常識而構想的傾向。

人對事物的看法中有許多的盲點。看見形狀大的東西往往以為其內在也裝塡得飽滿，份量極重的感覺。如果手邊有可口可樂不妨拿起一罐來，把它倒進玻璃杯內。看罐裝的可口可樂總令人以為罐內裝著滿滿的可樂。但是，從罐子移到玻璃杯內後，可樂並無法塡滿玻璃杯。原來玻璃杯的容量較大。換言之，我們的期待值很容易受心理的影響。

看到這個問題中的兩個瓶子，應該有許多人直覺地認為較大的瓶子容易較多且重吧。

問9 懂得賺錢的推銷員

您是一個推銷兒童百科全書的菜鳥推銷員。今天的工作是挨家挨戶地訪問推銷，而拜訪的是位於台北市內某個古老的住宅街。負責這條街道的訪問推銷今天正是第一天。離開車站剪票口的您，要那間不知道往那邊走才好。當然，您不可能一整天走遍整條街坊巷道，因此，必須鎖定某個重點做地區性的拜訪。往那邊走較能碰到富豪之家呢？請決定前往的方向。

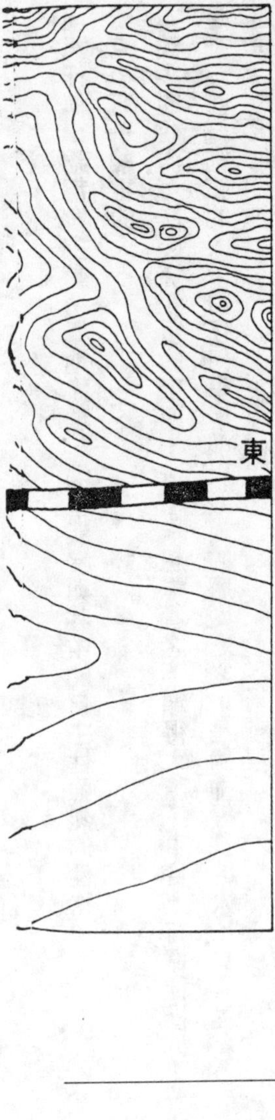

北
西
地圖
N
南

答9　你的判斷能力高嗎？

這是「看地圖」的測驗。地圖是一種平面的印刷物，然而其中所描繪的土地當然是立體的。因此，調查如何掌握鋪陳在平面上的情報而做判斷，乃是本測驗的目的。

診斷的方法極為單純，是二者選一，當然可能有人決定延著馬路而走，不過，在此是根據您是決定往馬路的北側或南側前進來做診斷。

〈解說〉

①往馬路北側前進的人

這個地圖的北側是山峰連綿。在這種地形上面對東南方的高台上常聚集著「富豪巨賈」（在目前的都心這個原則已不適用，不過這是指古老的街道）。

人在有山有海的地方會盡量遷往高處。渴望居住在高處的人多時，結果一定是由社會地位較高、財力雄厚的人捷足先登。因此，高台上的住宅區常有富豪巨賈。

所以，選擇這個方向的您，判斷能力相當高。尤其是從車站往西北方向前進的人可謂出類拔粹。

②往馬路南側前進的人

很可惜的是在這個測驗中您的判斷能力是「不好」。也許是缺乏經驗的緣故吧。判斷能力是由經驗的累積而培養，希望您能謹記這一點。

城鎮或村落有其發展方向。我們從高山或大廈樓上來環視歷史久遠的古老村落或城鎮吧。其中可分為屋頂顯得老舊而陰暗的住宅較多的地區，以及屋頂嶄新明亮的住宅偏多的地區。一般而言，遍佈著屋頂顯得老舊的住宅的地區多半是該地富豪的集散地。

另外，座落於有寺廟或神社的地區附近也多半是高級住宅區。人們對於土地的選擇自古以來，在心理上都深受古代中國的「風水地理」的影響。

問10 您是漫畫家

這裡有一個被省略掉的插圖。故事是根據1～4的順序而展開。觀看這幅省略的插圖並不知其中的緣由。到底這兩個人在做什麼?您就當成是位漫畫家來思考這當中的故事情節吧。

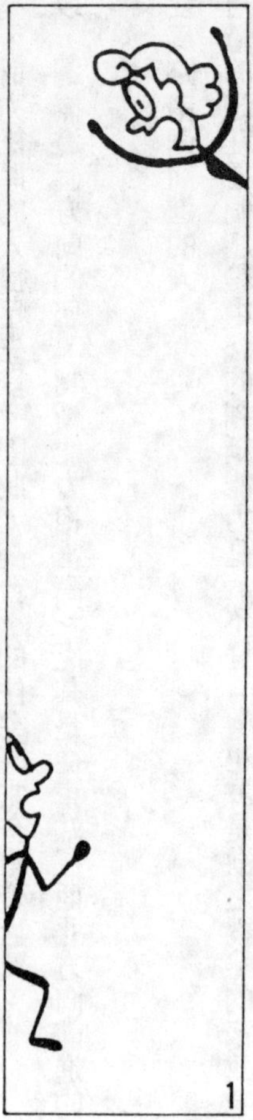

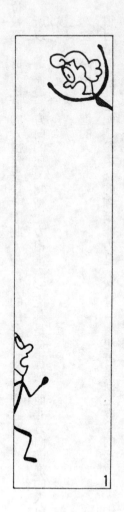

4
3
2

答10　您具有獨創力嗎？

應該有不少人想到這幅插圖是「一名男子爬上樓梯拯救因火災被困在二樓的女子」。

首先，在第1個插圖上所描繪的是發生一場火災，一名女子被困在建築物的二樓向外求救。

2的插圖是聽到女性的呼喊聲而奔跑過來的男子，把一個樓梯搭在建築物上。

3的插圖是男子爬上樓梯想要拯救受困的女子。

4的插圖是男子拯救了女子抱住她正要走下樓梯。

或者也有生性羅曼蒂克的人，想像這幅插畫是「攀爬在牆壁上的藤蔓想進入茱莉葉房間的羅密歐」。

總而言之，毫無阻礙而立即地想到與這個漫畫類似狀況的人，可以說是具有優秀的獨創力與判斷力的人。想不出任何答案的人……請向下頁的兩個應用問題挑戰，好好地鍛鍊一下自己的腦力。

15
4
3
2
1

●有益的應用問題1

若是您會想到什麼樣的故事？

●有益的應用問題 2

若是您會想到什麼樣的故事？

〈有益的應用問題1的解答〉

1一輛汽車開進加油站。
2加油站的服務員替汽車加油。
3駕駛員給服務員油費。
4汽車離開加油站。

〈有益的應用問題2的解答〉

1走在馬路上的女子，身後來了一個坐在腳踏車上的男子。
2當腳踏車追過女子時，男子因好色而轉身過來看。
3男子由於轉身往後看而從腳踏車跌落下來。
4女子不顧一屁股坐在地上的男子，逕自走開。

第五章

判斷將來性
適性測驗

您擅長與人交際嗎？金錢觀如何？適合當上班族嗎？具備生意頭腦嗎？本章的測驗將探討您的適性，並從而調查在競爭激烈的現代社會中您是否具有「適者生存」的能力。

問1　您是推銷員

您是某電腦廠商的能幹推銷員。您為了開發新客戶而到某公司拜訪。

當時您被招待到如圖所示的會客室。對方坐在D的位置。那麼，在這個會客室裡你會選擇那個位置？

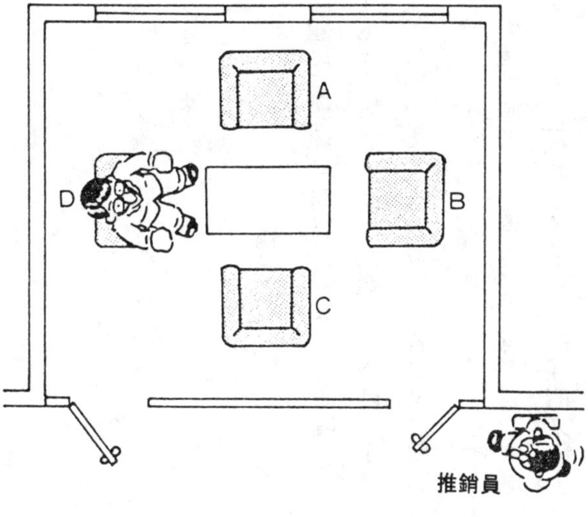

答1　坐在顧客的右斜前方

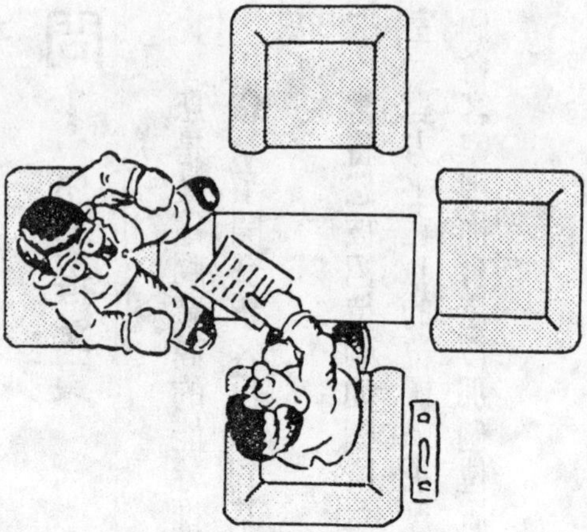

答案是C的位置。

〈解說〉

這個問題最重要的是與對方顧客的位置關係。

如果是慣用右手的推銷員，顧慮到拿目錄或價格表做說明的情況，坐在A的位置較容易做這些動作。

但是，事實並不然。雖然這是考慮賣方的立場而選擇的位置，然而顧客並不曉得有這樣的來龍去脈。

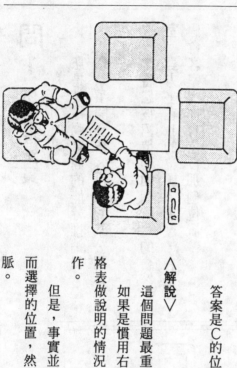

相反地，若採取這種位置關係，對方會因為你的存在，彷彿自己的弱點受到脅迫一樣，在生理上、心理上造成一種脅迫、不快感。

其原因乃在於「心臟」。當對方覺得來自於接近心臟方向的壓迫感時，在本能上會產生防衛的心理。

另外，站在對方的立場而言（若是慣用左手者則另當別論），當自己的左側遭受脅迫時，很難用手給予反擊。

相反地，你（推銷員）若坐在C的位置，可藉由自己身體的左側敞開朝向對方，以讓自己處於不利的立場，這個位置關係卻可讓對方在生理上感到放心，而順利地展開推銷的作業。

事實上，據說某大汽車廠商的推銷員就是刻意地採取這種位置關係，而達到令人驚訝的業績。

傳聞他曾經在一個月裡銷售約七十輛左右的新車。一般汽車推銷員的平均銷售量是一個月賣出三～四輛左右，可見他的成績是多麼驚人了。

問2　你是泳裝設計師

請在左邊插圖中女孩穿著的泳裝上各描繪不同的花樣。這個測驗的目的是比較在限定的時間內可想出多少樣式，因此並不需要仔細地描繪。不過，同樣的花樣不可使用兩次。

限時為三十秒。請不要看著插圖發呆，趕快動手吧！

答2 時髦的品味？

你在幾個女孩身上的泳裝描繪了花樣？8人？9人？10人……？

這次特別大優待，在沒有描繪上花樣的美女中，把一人當做是「穿著白色泳裝的人」也算成1位，請在你所描繪的人數上添加1。那麼，總共是多少人？藉此可明白你的時髦品味。

〈解說〉

①只描繪8人以下的人

可見你對時髦並不太感興趣。雖然並不需要每天思考服裝打扮的問題，但是，打扮並不只為自己，乃是為了與你接觸的周遭人。希望你能顧慮到這一點而留意最低限度的時髦——穿著禮儀。

②達到9～10的人

雖然對時髦有個人的顧慮，卻有點差強人意的類型。由於喜好樸素，往往趕不上流行的腳步而落於人後的類型。何妨大膽一點！

③達到11～12的人

能顧及ＴＰＯ、懂得品味的人。但是，似乎有點被動，具有茫然頭緒地追逐流行的傾向。

④達到13人以上的人

品味超群，能善用自己的個性也能讓周遭人產生好感的類型，是無從挑剔的具有創造性的時髦高手。

●有益的應用問題

上圖和下圖有一點不同。那麼，到底是什麼呢？

答在204頁。

問3 您也可以成為名採訪者

您是一個男性TV採訪員。因某綜藝節目的需要您正在街頭採訪有關民衆，對於偶像歌手○○的訂婚消息的意見。

但是，雖然已採訪過數人，然而所得到的答案無非是「令人羨慕」或「希望他獲得幸福」「很不錯啊！」之類司空見慣的答案，並沒有獨創而有趣的見解。到底向什麼樣的人採訪才能聽到獨樹一格的意見呢？譬如「怎麼沒看上我呢？」「若要離婚請到我父親所經營的律師事務所來」，這種反應才精彩！

因此，如果是您會選擇圖中行人中的那一個做為訪問的對象？

答3　遊戲與工作那一個重要？

這個測驗的重點是在於選擇同性（如果您是女性就是女性、男性則是男性）或異性、選擇年長者或年少者……藉此可以診斷您的「遊戲度、工作為主度」。

〈解說〉

①選擇同性的人

對工作的意識非常強，對異性的關心不大。是屬於工作至上的類型。工作與自己隱私的界限曖昧不明的社會密著型。

②選擇異性的人

能將工作處理得妥妥貼貼，而把重心放在遊戲上的遊戲人間型。雖然當事人意圖將工作與自己劃分得一清二楚，卻很容易變得成公私不分的生活。

③選擇年長者的人

對工作具有強烈的知識欲望，對困難的問題具有主動尋求解決的企圖心。而且，越是遠大的目標越勇往直前的幹勁十足類型。

④選擇年輕者的人

具有將工作與遊戲釐清界限的現代感，對嶄新的事物積極地參與，帶有強烈好奇心的類型。

<有益的應用問題的解答>

原來的圖中有15個少年，後來的圖上減少了1人，只14人。

這是向西洋古來有之的「消失的妖精」的詐欺畫挑戰的插圖。

仔細一瞧原來圖中描繪在上半段中的人物比下半段圖上的人物的腳較短、沒有眉毛……各缺少某個部份。譬如，請看舉起右手拳頭的少年。上半段的少年比後半段的少年的腳較短。另外，圖中只有一個描繪成奔跑姿勢的少年，請看這個少年的眉毛。原來的圖上並沒有，後來的圖上卻長了眉毛。

諸如這般上圖與下圖各有一點不同，而慢慢累積成一個人份的增減。

問4　圓圈測驗

在下面的四角形中有三個圓圈。請在這個四角形中再描繪另一個圓圈。

大小及位置不拘，唯一的條件是必須是完整的圓（半圓不行）。

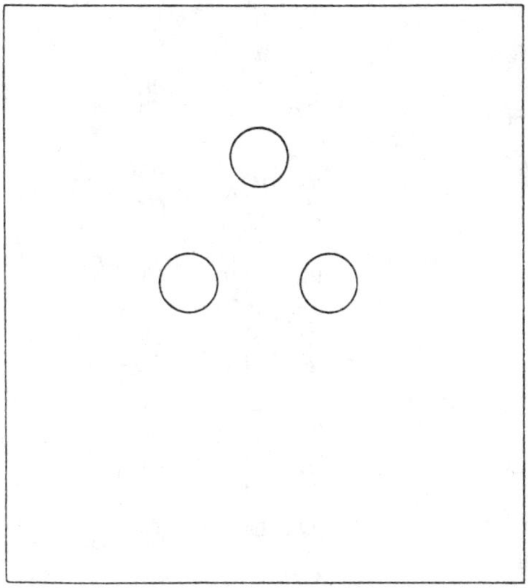

答4　你的財運突破力

畫「圓」的財運測驗彷彿是無聊的玩笑，當然這並非出題的本意。其實這原本是德國的社會心理學家所考察出來的測驗。

總而言之，你所描繪的圓圈大小及其他圓的位置關係，正鮮明地反映出您目前的心理狀態。在此根據您所描繪圓的大小、位置而診斷您的財運突破力、面對不景氣的耐久力。

〈解說〉

①的情況

老實說這是略帶陷入低潮的氣味。您是否開始覺得目前的工作或人際關係令您感到厭煩呢?是否因為過去的失敗或不快的體驗而變得討厭與人交往呢?現在的您是處於想積極地賺錢卻會遭逢失敗、容易蒙受損失的精神狀態。

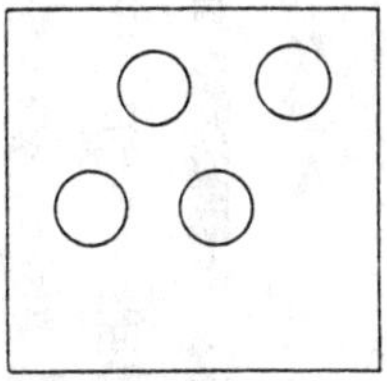
①

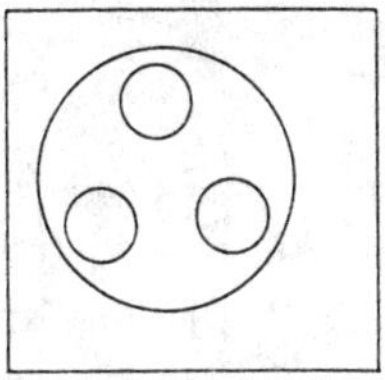
②

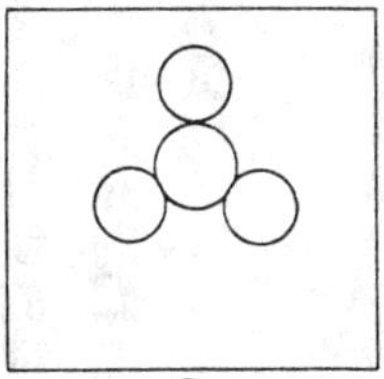
③

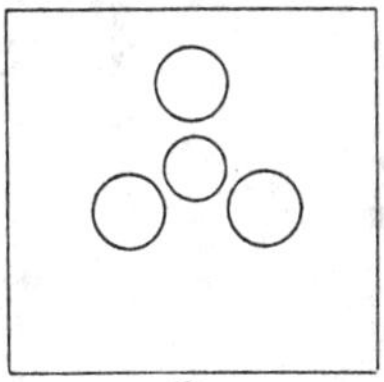
④

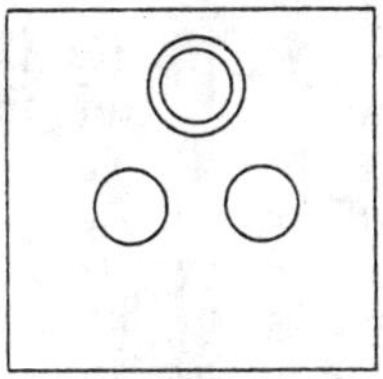
⑤

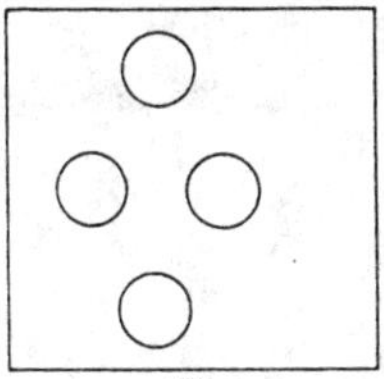
⑥

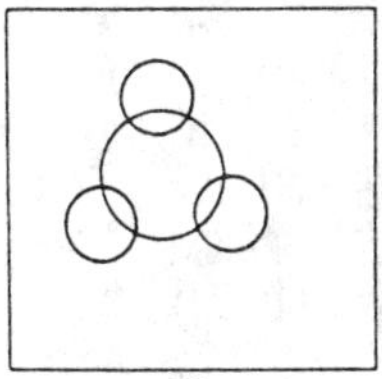
⑦

您必須耐心地等候時機到來。

②的情況

忍不住想描繪大圓乃是充滿著行動力、想要奮發圖強的時候。現在的您正福星高照，也充滿著積極地招致財運的行動力。也許是利用推銷或投機性的方法賺錢的機會來了。不妨考慮脫離上班族而獨立的戰略。在公司裡可以發揮領導能力引導周遭人前進。不過，如果變得自信過盛而無法坦率地傾聽他人的忠告，就有點危險。

③的情況

目前是面臨難以應付的人際關係的時期。雖然有賺錢的機會，卻可能在與人相處上失敗或產生意見的對立而難以實現。與其單純地考慮金錢的問題，毋寧與他人同伙、或致力於尋找有力的協助者。這也是拓展您的財運的力量。

④的情況

一切順利。和任何人都能和平相處，也具有獲得同伴的協助而發展運勢的素質。雖然有一點糾紛卻具有突圍解困的執著與耐力。也具有賺錢的企圖心、安全第一主義者。長期性地建立資金計劃也具有益處。

⑤的情況

把圓描繪在某個圓內的人是強烈地渴望仰賴他人、依附權勢。在金錢方面也指望他人，若有錢財上的困難即伸手告貸。可能因為向高利貸融資而失敗。要注意。

⑥的情況

在三個圓的下側描繪另一個圓的人是腳踏實地穩紮穩打的類型。雖然有時成為幕後英雄，卻也相當活躍，一點一滴地積蓄錢財、藉由獲得某種資格而拓展財運。你對目前的工作或生活方式帶有自信，可依自己的方式向前努力。

⑦的情況

雖然處於很容易被捲入人際關係上的糾紛的狀態，然而問題也出在您自己本身，如果強烈地反抗或排斥並非良策。應該儘可能地壓抑自我主張，靜候時機到來。

不要眼紅別人的功勞或英雄事蹟，只期待自己將來飛躍龍門的一日，應謹記孰可忍孰不可忍的重要。更應忌諱落入「有利可圖」的圈套。

問5 壞掉的橋

歐洲某個村落有一座長橋。但是，有一天這座橋如下圖所示在正中央斷裂了。

請仔細看畫有這座橋的圖。

其實不必摺疊畫有橋圖的這頁或剪開紙張，即可以將這座壞掉的橋回復原狀。

那麼該用什麼方法呢？

答5　具有九〇年代生活的智慧嗎？

對任何事物如果拘泥於某唯一的視點，就無法解決這類問題。

這座橋在中央斷裂，當被要求以某個方法給予銜接時，有些人首先會想到把這本書摺疊或用張紙條擺放在斷裂之處的方法吧。如果只想到使圖畫本身變形則無法解決問題。

應該改變看這幅畫的自己。換言之，要思考是否可以利用改變看畫的方法，而使橋銜接起來。那麼，應該會想到這樣的方法吧。

請將本書盡量貼靠在臉上。把鼻子貼在橋斷裂之處，霎那間就看不到斷裂的空白部份。因為，人的視野有其界線。

在日常生活中的問題解決方法上，也有許多諸如此類只改變構想而能解決的問題。認為只有唯一的方法的觀念只會錯失解決問題的機會。相反地，具備可能有其他解決之道的腦力，才是擁有生活在九〇年代的智慧的人。

問6　圓桌的名士們

有一個如下圖的「圓形」的桌子，假設您正坐在桌子的正面。剩餘的位置由下列所舉的歷史上的著名人士列席，您們正以「如何出人頭地？」為議題展開會議。

那麼，身為今晚會議主席的您會讓這些人物坐在那些位置？

①安德烈克（南斯拉夫詩人兼小說家）
②拿破崙
③德川家康（日本幕府將軍）
④洛克斐勒
⑤耶穌基督
⑥二宮尊德

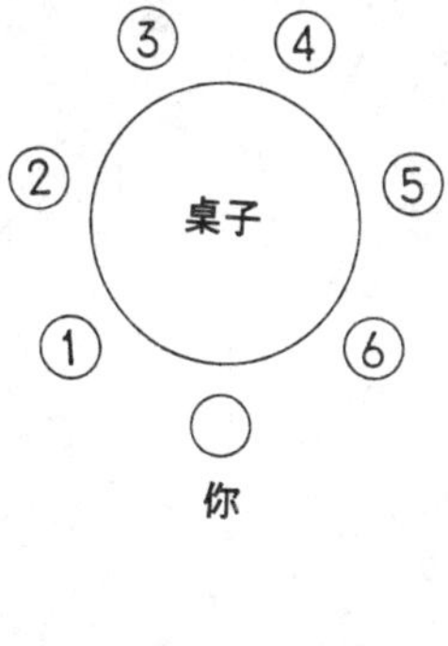

答6 席次象徵願望與慾求

這個測驗是法國的心理學家所考察出來的。

據說圓桌上的席次是根據與在坐者之間的溝通程度而決定。換言之，與坐在自己能清楚看見的位置的人交談的次數較多，也容易產生親近感，相對地，與坐在自己看不見的位置上的人難以溝通，也不會產生親近感。

根據B・修泰因佐爾所進行的實驗，據說與坐在自己正面的對方或自己身旁最易碰頭的人較容易交談。

當我們招待客人而要決定座次時，無意識中也會根據與對方的親密度或地方而決定位置。

一般而言，往往會把自己最喜歡的人、最關心的人安排在自己左側的位置。以這個測驗而言很容易配置在①的位置。自己右側的位置則安排僅次於①位置者好感的人或想要交

談的人，換言之多半會安排在⑥的位置。

所以，在圓形桌上會讓與主席最親近的人坐在①或⑥的位置。相對地，多半會讓討厭的人或無意識中有所批評的人坐在自己最看不清楚的位置，亦即②或⑤的座位。

稍微偏離正面的③、④的位置多半會讓自己感到尊敬或覺得崇拜，卻自覺無法比擬的人物入座，而您在這兩個位置上所安排入座的歷史上的著名人物，其實是象徵我們日常生活中的各種願望或慾求。

①文學家安德烈克是代表理想、夢、美的品味。

②拿破崙是代表行動力、男性化、性的慾望。

③德川家康是代表名譽、地位、權威。
④洛克斐勒是代表金錢、物質的慾望。
⑤耶穌基督是代表禁慾、道德觀。
⑥二宮尊德是代表努力、樸素、節約的意識。

換言之，根據您在①（最感到親近的人）或⑥所按排入座的歷史上的人物，即可表示您潛在性的願望。譬如，如果您的兩側坐著拿破崙、洛克斐勒、德川家康時，即可診斷您是個積極型的野心家類型。

依同樣的要領，請一一地反芻坐在您兩側的人物所象徵的要素，而自我診斷您本身所隱藏的願望。

問7 腳底的磨損度

請到門口拿來一雙您的鞋中鞋底磨損得最厲害的一隻鞋，請將該鞋底描繪在下面。

鞋底的那個部份磨損得為最厲害呢？

答7　診斷轉職度

衆所周知地腳是代表身體的狀況。如果調查步行方式或鞋底的磨損度，會意外地發現有極大的個人差異，這多半是認識個人的性格或對工作的積極性的關鍵。

〈解說〉

檢查左右鞋的鞋底時，有些人左右磨損的程度與位置一樣，而有些人則只有單腳磨損得厲害。步行時抬腳較用力時鞋底磨損得較快，根據雙腳著力強度的不同，左右鞋底磨損的程度也不一樣。憑藉左右鞋底磨損的方式可以判斷下列的特徵。

〈右側常磨損的人〉

性急、心浮氣躁、對任何事物都有強烈好奇心的外向性格。一想到什麼如果不立即付諸實行則坐立難安。很容易受當時的感情或心情所左右。

〈左側常磨損的人〉

外表看起來老實，具有愛發議論的傾向，一旦鬧起彆扭來則如頑石一動也不動。具有頑強的執著力，是內在隱藏著堅強意志的人。

〈左右同樣磨損的人〉

處事愼重、小心謹愼、多少具有內向的特質，多半是不會向外表現自己內在所思考的事情或感情的類型。

另外，與左右腳磨損的情況同樣重要的是腳底的那個部份最易磨損。垂頭喪氣地走路與精神充沛地昂首闊步，自然會使腳底磨損的位置產生不同。換言之，很容易暴露您長期性的身體狀況或習性、性格的就是鞋底。

①鞋尖磨損的人

行動力充沛，一旦著手的事情必定貫徹到底的努力不懈型。在新成立而將起步的公司裡較為活躍（遠勝於大企業內任職）。擔任營業關係的工作較能發揮能力的類型。若能善

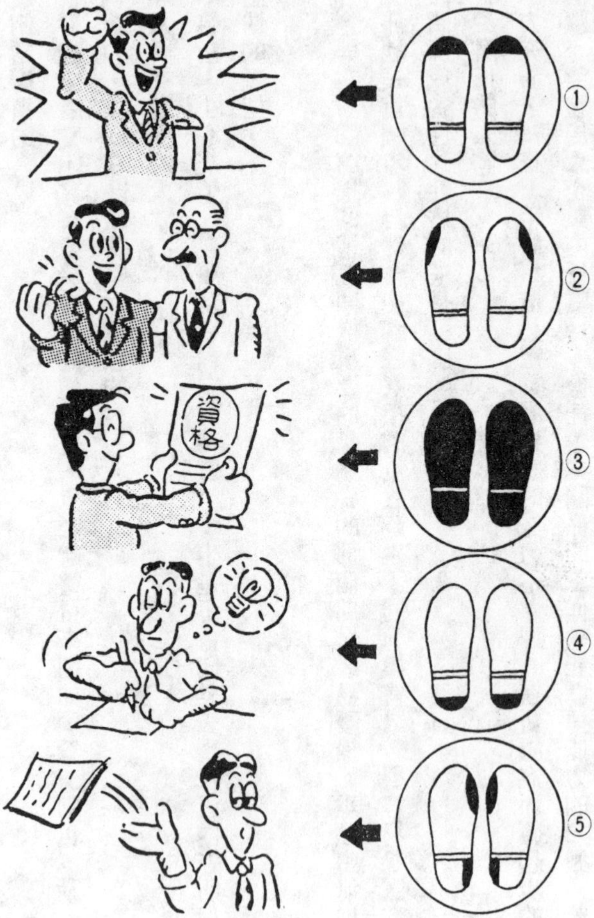
①
②
資格
③
④
⑤

用積極性與頑強的耐力，轉職其實乃是試驗自己可能性的最佳方法。有瞭解自己的人或前輩的提攜時更有長進。

②外側磨損的人

屬於社交型的人。喜好與人接觸、熱鬧的氣氛。是大家喜好親近的類型。從事服務業或日常生活較有變化的工作會使您變得生氣蓬勃。

③鞋底的磨損度平均的人

做任何事都可以和其他人在某種程度上配合的類型。尤其是會習得某種技術或資格而善用這種能力。不過，不論是轉職或持目前的工作，並無法改變其滿足度或成功度。最大的缺點是喜新厭舊。

④鞋跟的後側磨損的人

司空見慣的事物無法使其獲得滿足，對於在既有的模式中生活感到排斥的個性派類型。善用與生俱有的創造力、將個人的主張、構想力、企劃力活用為武器乃是成功的捷徑。不過，如果過於沈迷於興趣或只憑一時的靈機閃現而採取行動，恐怕會失敗。也具有缺乏金錢觀的一面。

⑤內側磨損的人

做任何事都先感到不安或猶疑的憂柔寡斷型。在付諸實踐之前磨磨蹭蹭的耗費時間、改變心意或途中放棄，表現出懦弱的一面。為此經常錯失難得的機會，這種人也許最適合不受他人影響，而可獨自悠哉地過活的環境吧。因此，你應該具有讓你有某種程度的自由，卻在必要的時候給你適當建議的理解者、協助者。

●有益的應用問題——從指紋判斷出人頭地願望

(C)弓狀紋　(B)渦狀紋　(A)蹄狀紋

請注意左右十指的指紋。如果左右十指都是「漩渦形（渦狀紋）」，以手相學的立場而言，您是具有強烈的「出人頭地願望」的類型。對這種類型的人而言聽人差遣或自覺差人一等是最難以忍受的痛苦。

只要能達成自己的慾望，一點辛苦也在所不惜，同時，也不認為壓迫他人有何不可。

另外，除了渦狀紋之外，呈山形的弓狀紋也和渦狀紋具有同樣的意義。

相對地，如果是散流形（蹄狀紋）則屬於一般型。蹄狀紋的人會控制自己的出人頭地願望。

問8 深夜返家

深夜從車站步行20多分鐘才到達自己的家，但是，門卻上了鎖。家人似乎已經熟睡，即使按門鈴、敲打大門也沒有人起來回應。本打算從窗口進入卻也上了鎖。想用公共電話叫醒家人卻必須走回車站才有電話。抬頭一看，二樓好像點著燈。那麼，這時你會怎麼辦？

①破壞門或窗戶的鎖，用鐵絲等想辦法打開。
②拿起鞋子丟向二樓的窗戶。
③回到車站打電話回家。
④到附近的酒店喝一杯，再打電話。如果沒人回應就喝到天亮。
⑤拼命地拍打門或窗戶。

答8 你是否可以成為領導人物？

美國的社會心理學家M・馬克比在一九七六年針對美國企業中獨占鰲頭的二五〇位企業鉅子根據心理測驗、占星術的判斷做性格類型的分類。

他指稱美國的領導人物有四種類型，各能發揮自己所長與個性的商業鉅子，會運用機會而出人頭地。

馬克比所分類的類別如下。

A 工匠、技術者型（Craftman type）——具備專業知識，藉由提高品質或紮實地拓展自己的專業技術，而在各領域上出人頭地的類型，是具有所謂工匠氣質的人。以日本人為例，本田技研的本田宗一郎、松下的井森大等就屬於這種類型。本測驗回答是①的人就是這種類型。

B 挑戰、戰鬥型（Jungle fighter type）——馬克比稱其為「Jungle fighte 類型

」。這是把社會或職場當成生存條件極為惡劣的熱帶雨林，彷彿是弱肉強食的競爭場所，基於這樣的條件下而考慮工作的類型。創業經營者常見這種類型。②就是這種類型。

C　組織人型（Companyman type）——重視人際關係或小組工作，認為應抱著共存共榮的態度處理事物的類型。會顧慮如何去掌握對方的心。③的答案屬於這個類型。

D　賭徒、遊戲人間型（Gamesman type）——認為企業彷彿是賭博或球類運動一樣，重視嶄新的構想，有時會有冒險而激烈的舉動。據說約翰•F•甘迺迪就是典型的遊戲人間型的領導人。④的答案就是這種類型。

這四種領導者的類型中那一種領導者會出人頭地，乃關乎該人所屬的團體或時代而有不同。日本鈴木善幸前首相雖然不屬於組織人型的領導者，卻把全副精力傾注在落實於人事協調的工作並掌握了機會。而對於組織人型的領導者，苛求遊戲人間型的生活方式是不可能的。日本的中曾根前首相是屬於D型，而前首相河本則是A工匠型的領導者類型。

「挑戰、戰鬥型」的領導者在最近的日本社會無法博得人緣。

本測驗中的四個行動代表四種領導類型，而回答是⑤的人多半缺乏領導者的素質。當碰到某種難題時只會一再地反覆一般性的方法的類型。

問9 特別優待的購物活動

據說現在這條商店街只要購物滿三萬元，就可以和這條街上最美麗的少女楊菊子約會整整一天，不過，以先到者一名為限，因此，手腳可要俐落一點啊！

快快快！趕緊購物並使採購額剛好滿三萬元，然後就可以和菊子小姐做朋友了囉！

（限時三十秒）

蛋糕
1個 200元
2個 350元
皮包店
高級皮包 17.867元
文具店
自動筆 571元
鋼筆 676元
桃池菊子
高級 服飾店
襯衫 571元
運動衫 815元
牛排 3003元
山田豆腐店
豆腐2個 150元

答9　緊要關頭時的揮霍度？

若要搶先成為一個剛好購買三萬元物品的顧客，根本無暇一一地詳細計算。所以，這個問題的答案只有一個。

不論那一家商店都行，隨便闖入店裡隨手拿起一件商品立即支付三萬元然後說：「不必找零！」

如此一來毫無疑問地，您將是第一個符合條件的顧客！

〈解說〉

金錢唯有在最緊要的關頭做有效的運用才有其價值。這個測驗中在商店街購物並非目的，只不過是一種手段，因此，即使買一包香煙付三萬元的代價也不足為惜。

無法解答這個問題的您（換言之認真地開始計算金額的人），應該著眼於「手段」與「目的」之間的差別，好好地磨練自己本身的金錢觀。

大展出版社有限公司	圖書目錄
地址：台北市北投區11204 致遠一路二段12巷1號 郵撥： 0166955～1	電話：(02) 8236031 8236033 傳眞：(02) 8272069

・法律專欄連載・電腦編號58

台大法學院 法律學系／策劃 法律服務社／編著

①別讓您的權利睡著了[1]		180元
②別讓您的權利睡著了[2]		180元

・婦 幼 天 地・電腦編號16

①八萬人減肥成果	黃靜香譯	150元
②三分鐘減肥體操	楊鴻儒譯	130元
③窈窕淑女美髮秘訣	柯素娥譯	130元
④使妳更迷人	成　玉譯	130元
⑤女性的更年期	官舒妍編譯	130元
⑥胎內育兒法	李玉瓊編譯	120元
⑦愛與學習	蕭京凌編譯	120元
⑧初次懷孕與生產	婦幼天地編譯組	180元
⑨初次育兒12個月	婦幼天地編譯組	180元
⑩斷乳食與幼兒食	婦幼天地編譯組	180元
⑪培養幼兒能力與性向	婦幼天地編譯組	180元
⑫培養幼兒創造力的玩具與遊戲	婦幼天地編譯組	180元
⑬幼兒的症狀與疾病	婦幼天地編譯組	180元
⑭腿部苗條健美法	婦幼天地編譯組	150元
⑮女性腰痛別忽視	婦幼天地編譯組	130元
⑯舒展身心體操術	李玉瓊編譯	130元
⑰三分鐘臉部體操	趙薇妮著	120元
⑱生動的笑容表情術	趙薇妮著	120元
⑲心曠神怡減肥法	川津祐介著	130元
⑳內衣使妳更美麗	陳玄茹譯	130元

・青 春 天 地・電腦編號17

①A血型與星座	柯素娥編譯	120元

②B血型與星座　柯素娥編譯　120元
③O血型與星座　柯素娥編譯　120元
④AB血型與星座　柯素娥編譯　120元
⑤青春期性教室　呂貴嵐編譯　130元
⑥事半功倍讀書法　王毅希編譯　130元
⑦難解數學破題　宋釗宜編譯　130元
⑧速算解題技巧　宋釗宜編譯　130元
⑨小論文寫作秘訣　林顯茂編譯　120元
⑩視力恢復！超速讀術　江錦雲譯　130元
⑪中學生野外遊戲　熊谷康編著　120元
⑫恐怖極短篇　柯素娥編譯　130元
⑬恐怖夜話　小毛驢編譯　130元
⑭恐怖幽默短篇　小毛驢編譯　120元
⑮黑色幽默短篇　小毛驢編譯　120元
⑯靈異怪談　小毛驢編譯　130元
⑰錯覺遊戲　小毛驢編譯　130元
⑱整人遊戲　小毛驢編譯　120元
⑲有趣的超常識　柯素娥編譯　130元
⑳哦！原來如此　林慶旺編譯　130元
㉑趣味競賽100種　劉名揚編譯　120元
㉒數學謎題入門　宋釗宜編譯　150元
㉓數學謎題解析　宋釗宜編譯　150元
㉔透視男女心理　林慶旺編譯　120元
㉕少女情懷的自白　李桂蘭編譯　120元
㉖由兄弟姊妹看命運　李玉瓊編譯　130元
㉗趣味的科學魔術　林慶旺編譯　150元
㉘趣味的心理實驗室　李燕玲編譯　150元
㉙愛與性心理測驗　小毛驢編譯　130元
㉚刑案推理解謎　小毛驢編譯　130元
㉛偵探常識推理　小毛驢編繹　130元

・健 康 天 地・電腦編號18

①壓力的預防與治療　柯素娥編譯　130元
②超科學氣的魔力　柯素娥編譯　130元
③尿療法治病的神奇　中尾良一著　130元
④鐵證如山的尿療法奇蹟　廖玉山譯　120元
⑤一日斷食健康法　葉慈容編譯　120元
⑥胃部強健法　陳炳崑譯　120元
⑦癌症早期檢查法　廖松濤譯　130元

⑧老人痴呆症防止法　柯素娥編譯　130元
⑨松葉汁健康飲料　陳麗芬編譯　130元

•超現實心理講座• 電腦編號22

①超意識覺醒法　詹蔚芬編譯　130元
②護摩秘法與人生　劉名揚編譯　130元
③秘法！超級仙術入門　陸　明譯　150元

•心 靈 雅 集• 電腦編號00

①禪言佛語看人生　松濤弘道著　150元
②禪密教的奧秘　葉逯謙譯　120元
③觀音大法力　田口日勝著　120元
④觀音法力的大功德　田口日勝著　120元
⑤達摩禪106智慧　劉華亭編譯　150元
⑥有趣的佛教研究　葉逯謙編譯　120元
⑦夢的開運法　蕭京凌譯　130元
⑧禪學智慧　柯素娥編譯　130元
⑨女性佛教入門　許俐萍譯　110元
⑩佛像小百科　心靈雅集編譯組　130元
⑪佛教小百科趣談　心靈雅集編譯組　120元
⑫佛教小百科漫談　心靈雅集編譯組　150元
⑬佛教知識小百科　心靈雅集編譯組　150元
⑭佛學名言智慧　松濤弘道著　180元
⑮釋迦名言智慧　松濤弘道著　180元
⑯活人禪　平田精耕著　120元
⑰坐禪入門　柯素娥編譯　120元
⑱現代禪悟　柯素娥編譯　130元
⑲道元禪師語錄　心靈雅集編譯組　130元
⑳佛學經典指南　心靈雅集編譯組　130元
㉑何謂「生」　阿含經　心靈雅集編譯組　130元
㉒一切皆空　般若心經　心靈雅集編譯組　130元
㉓超越迷惘　法句經　心靈雅集編譯組　130元
㉔開拓宇宙觀　華嚴經　心靈雅集編譯組　130元
㉕真實之道　法華經　心靈雅集編譯組　130元
㉖自由自在　涅槃經　心靈雅集編譯組　130元
㉗沈默的教示　維摩經　心靈雅集編譯組　130元
㉘開通心眼　佛語佛戒　心靈雅集編譯組　130元
㉙揭秘寶庫　密教經典　心靈雅集編譯組　130元
㉚坐禪與養生　廖松濤譯　110元

㉛釋尊十戒	柯素娥編譯	120元
㉜佛法與神通	劉欣如編著	120元
㉝悟（正法眼藏的世界）	柯素娥編譯	120元
㉞只管打坐	劉欣如編譯	120元
㉟喬答摩・佛陀傳	劉欣如編著	120元
㊱唐玄奘留學記	劉欣如編譯	120元
㊲佛教的人生觀	劉欣如編譯	110元
㊳無門關（上卷）	心靈雅集編譯組	150元
㊴無門關（下卷）	心靈雅集編譯組	150元
㊵業的思想	劉欣如編著	130元
㊶		

・經 營 管 理・電腦編號01

◎創新經營管理六十六大計（精）	蔡弘文編	780元
①如何獲取生意情報	蘇燕謀譯	110元
②經濟常識問答	蘇燕謀譯	130元
③股票致富68秘訣	簡文祥譯	100元
④台灣商戰風雲錄	陳中雄著	120元
⑤推銷大王秘錄	原一平著	100元
⑥新創意・賺大錢	王家成譯	90元
⑦工廠管理新手法	琪　輝著	120元
⑧奇蹟推銷術	蘇燕謀譯	100元
⑨經營參謀	柯順隆譯	120元
⑩美國實業24小時	柯順隆譯	80元
⑪撼動人心的推銷法	原一平著	120元
⑫高竿經營法	蔡弘文編	120元
⑬如何掌握顧客	柯順隆譯	150元
⑭一等一賺錢策略	蔡弘文編	120元
⑮世界經濟戰爭	約翰・渥洛諾夫著	120元
⑯成功經營妙方	鐘文訓著	120元
⑰一流的管理	蔡弘文編	150元
⑱外國人看中韓經濟	劉華亭譯	150元
⑲企業不良幹部群相	琪輝編著	120元
⑳突破商場人際學	林振輝編著	90元
㉑無中生有術	琪輝編著	140元
㉒如何使女人打開錢包	林振輝編著	100元
㉓操縱上司術	邑井操著	90元
㉔小公司經營策略	王嘉誠著	100元
㉕成功的會議技巧	鐘文訓編譯	100元
㉖新時代老闆學	黃柏松編著	100元

㉗如何創造商場智囊團	林振輝編譯	150元
㉘十分鐘推銷術	林振輝編譯	120元
㉙五分鐘育才	黃柏松編譯	100元
㉚成功商場戰術	陸明編譯	100元
㉛商場談話技巧	劉華亭編譯	120元
㉜企業帝王學	鐘文訓譯	90元
㉝自我經濟學	廖松濤編譯	100元
㉞一流的經營	陶田生編著	120元
㉟女性職員管理術	王昭國編譯	120元
㊱ＩＢＭ的人事管理	鐘文訓編譯	150元
㊲現代電腦常識	王昭國編譯	150元
㊳電腦管理的危機	鐘文訓編譯	120元
㊴如何發揮廣告效果	王昭國編譯	150元
㊵最新管理技巧	王昭國編譯	150元
㊶一流推銷術	廖松濤編譯	120元
㊷包裝與促銷技巧	王昭國編譯	130元
㊸企業王國指揮塔	松下幸之助著	120元
㊹企業精銳兵團	松下幸之助著	120元
㊺企業人事管理	松下幸之助著	100元
㊻華僑經商致富術	廖松濤編譯	130元
㊼豐田式銷售技巧	廖松濤編譯	120元
㊽如何掌握銷售技巧	王昭國編著	130元
㊾一分鐘推銷員	廖松濤譯	90元
㊿洞燭機先的經營	鐘文訓編譯	150元
51ＩＢＭ成功商法	巴克・羅傑斯著	130元
52新世紀的服務業	鐘文訓編譯	100元
53成功的領導者	廖松濤編譯	120元
54女推銷員成功術	李玉瓊編譯	130元
55ＩＢＭ人才培育術	鐘文訓編譯	100元
56企業人自我突破法	黃琪輝編著	150元
57超級經理人	羅拔・海勒著	100元
58財富開發術	蔡弘文編著	130元
59成功的店舗設計	鐘文訓編著	150元
60靈巧者成功術	鐘文訓編譯	150元
61企管回春法	蔡弘文編著	130元
62小企業經營指南	鐘文訓編譯	100元
63商場致勝名言	鐘文訓編譯	150元
64迎接商業新時代	廖松濤編譯	100元
65透視日本企業管理	廖松濤　譯	100元
66新手股票投資入門	何朝乾　編	150元
67上揚股與下跌股	何朝乾編譯	150元

⑱股票速成學	何朝乾編譯	180元
⑲理財與股票投資策略	黃俊豪編著	180元
⑳黃金投資策略	黃俊豪編著	180元
㉑厚黑管理學	廖松濤編譯	180元
㉒股市致勝格言	呂梅莎編譯	180元
㉓透視西武集團	林谷燁編譯	150元
㉔推銷改變我的一生	柯素娥　譯	120元
㉕推銷始於被拒	盧媚琨　譯	120元
㉖巡迴行銷術	陳蒼杰譯	150元
㉗推銷的魔術	王嘉誠譯	120元
㉘60秒指導部屬	周蓮芬編譯	150元
㉙精銳女推銷員特訓	李玉瓊編譯	130元
㉚企劃、提案、報告圖表的技巧	鄭　汶　譯	180元
㉛海外不動產投資	許達守編譯	150元
㉜八百伴的世界策略	李玉瓊譯	150元
㉝服務業品質管理	吳宜芬譯	180元
㉞零庫存銷售	黃東謙編譯	150元
㉟三分鐘推銷管理	劉名揚編譯	150元
㊱推銷大王奮鬥史	原一平著	150元
㊲豐田汽車的生產管理	林谷燁編譯	元

・成 功 寶 庫・ 電腦編號02

①上班族交際術	江森滋著	100元
②拍馬屁訣竅	廖玉山編譯	110元
③一分鐘適應法	林曉陽譯	90元
④聽話的藝術	歐陽輝編譯	110元
⑤人心透視術	多湖輝著	100元
⑥克服逆境的智慧	廖松濤　譯	100元
⑦不可思議的人性心理	多湖輝　著	120元
⑧成功的人生哲學	劉明和　譯	120元
⑨求職轉業成功術	陳　義編著	110元
⑩上班族禮儀	廖玉山編著	120元
⑪接近心理學	李玉瓊編著	100元
⑫創造自信的新人生	廖松濤編著	120元
⑬卡耐基的人生指南	林曉鐘編譯	120元
⑭上班族如何出人頭地	廖松濤編著	100元
⑮神奇瞬間瞑想法	廖松濤編譯	100元
⑯人生成功之鑰	楊意苓編著	150元
⑰當一個享受成功的人	戴恆雄編著	100元
⑱潛在心理術	多湖輝　著	100元

⑲給企業人的諍言	鐘文訓編著	120元
⑳企業家自律訓練法	陳　義編譯	100元
㉑上班族妖怪學	廖松濤編著	100元
㉒猶太人縱橫世界的奇蹟	孟佑政編著	110元
㉓訪問推銷術	黃静香編著	130元
㉔改運的秘訣	吳秀美　譯	120元
㉕你是上班族中強者	嚴思圖編著	100元
㉖向失敗挑戰	黃静香編著	100元
㉗成功心理學	陳蒼杰　譯	100元
㉘墨菲成功定律	吳秀美　譯	130元
㉙機智應對術	李玉瓊編著	130元
㉚成功頓悟100則	蕭京凌編譯	130元
㉛掌握好運100則	蕭京凌編譯	110元
㉜知性幽默	李玉瓊編譯	130元
㉝熟記對方絕招	黃静香編譯	100元
㉞男性成功秘訣	陳蒼杰編譯	130元
㉟超越巔峯者	C・加菲爾德著	130元
㊱業務員成功秘方	李玉瓊編著	120元
㊲察言觀色的技巧	劉華亭編著	130元
㊳一流領導力	施義彥編譯	120元
㊴一流說服力	李玉瓊編著	130元
㊵30秒鐘推銷術	廖松濤編譯	120元
㊶猶太成功商法	周蓮芬編譯	120元
㊷尖端時代行銷策略	陳蒼杰編著	100元
㊸顧客管理學	廖松濤編著	100元
㊹如何使對方說Yes	程　羲編著	150元
㊺如何提高工作效率	劉華亭編著	150元
㊻企業戰術必勝法	黃静香編著	130元
㊼上班族口才學	楊鴻儒譯	120元
㊽上班族新鮮人須知	程　羲編著	120元
㊾如何左右逢源	程　羲編著	130元
㊿語言的心理戰	多湖輝著	130元
51扣人心弦演說術	劉名揚編著	120元
52八面玲瓏成功術	陳　羲譯	130元
53如何增進記憶力、集中力	廖松濤譯	130元
54頂尖領導人物	陳蒼杰譯	120元
55性惡企業管理學	陳蒼杰譯	130元
56自我啟發200招	楊鴻儒編著	150元
57做個傑出女職員	劉名揚編著	130元
58靈活的集團營運術	楊鴻儒編著	120元
59必勝交涉強化法	陳蒼杰譯	120元

⑥⓪個案研究活用法	楊鴻儒編著	130元
⑥①企業教育訓練遊戲	楊鴻儒編著	120元
⑥②管理者的智慧	程　義編譯	130元
⑥③做個佼佼管理者	馬筱莉編譯	130元
⑥④智慧型說話技巧	沈永嘉編譯	130元
⑥⑤歌德人生箴言	沈永嘉編譯	150元
⑥⑥活用佛學於經營	松濤弘道著	150元
⑥⑦活用禪學於企業	柯素娥編譯	130元
⑥⑧詭辯的智慧	沈永嘉編譯	130元
⑥⑨幽默詭辯術	廖玉山編譯	130元
⑦⓪拿破崙智慧箴言	柯素娥編譯	130元
⑦①自我培育・超越	蕭京凌編譯	150元
⑦②深層心理術	多湖輝著	130元
⑦③深層語言術	多湖輝著	130元
⑦④時間即一切	沈永嘉編譯	130元
⑦⑤自我脫胎換骨	柯素娥譯	150元
⑦⑥贏在起跑點—人才培育鐵則	楊鴻儒編譯	150元
⑦⑦做一枚活棋	李玉瓊編譯	130元
⑦⑧面試成功戰略	柯素娥編譯	130元
⑦⑨自我介紹與社交禮儀	柯素娥編譯	130元
⑧⓪說NO的技巧	廖玉山編譯	130元
⑧①瞬間攻破心防法	廖玉山編譯	120元
⑧②改變一生的名言	李玉瓊編譯	130元
⑧③性格性向創前程	楊鴻儒編譯	130元
⑧④訪問行銷新竅門	廖玉山編譯	150元
⑧⑤無所不達的推銷話術	李玉瓊編譯	150元

•處世智慧• 電腦編號03

①如何改變你自己	陸明編譯	90元
②人性心理陷阱	多湖輝著	90元
③面對面的心理戰術	多湖輝著	90元
④幽默說話術	林振輝編譯	120元
⑤讀書36計	黃柏松編譯	110元
⑥靈感成功術	譚繼山編譯	80元
⑦如何使人對你好感	張文志譯	110元
⑧扭轉一生的五分鐘	黃柏松編譯	100元
⑨知人、知面、知其心	林振輝譯	110元
⑩現代人的詭計	林振輝譯	100元
⑪怎樣突破人性弱點	摩　根著	90元
⑫如何利用你的時間	蘇遠謀譯	80元

實用心理學講座

千葉大學
名譽教授 多湖輝／著

1 拆穿欺騙伎倆　售價140元

你經常被花言巧語所矇騙嗎？
明白欺騙者的手法，爲自己設下防衛線

2 創造好構想　售價140元

由小問題發現大問題
由偶然發現新問題
由新問題創造發明

3 面對面心理術　售價140元

面試、相親、商談或外務等…
僅有一次的見面，你絕不能失敗！

4 僞裝心理術　售價140元

使對方僞裝無所遁形
讓自己更湧自信的秘訣

5 透視人性弱點　售價140元

識破強者、充滿自信者的弱點
圓滿處理人際關係的心理技巧，

國立中央圖書館出版品預行編目資料

性格測驗3　發現陌生的自己／淺野八郎著；
李玉瓊譯--初版　--臺北市：大展，民83
面；　　公分　--（趣味心理講座；3）
譯自：性格ゲーム　第3集，見えない自分が
見えてくる
ISBN 957-557-424-9（平裝）

1. 心理測驗

179　　　　　　　　83000433

本書原名：性格ゲーム・第3集
見えない自分が見えてくる
原発行所：KKベストセラーズ

性格測驗③ 發現陌生的自己　ISBN 957-557-424-9

原著者／淺野八郎
編譯者／李玉瓊
發行人／蔡森明
出版者／大展出版社有限公司
社　址／台北市北投區（石牌）
致遠一路二段12巷1號
電　話／（02）8236031・8236033
傳　眞／（02）8272069
郵政劃撥／0166955－1
登記證／局版臺業字第2171號
法律顧問／劉鈞男律師
承印者／國順圖書印刷公司
裝　訂／嶸興裝訂有限公司
排版者／千賓電腦打字有限公司
電　話／（02）8836052
初　版／1994年（民83年）2月
定　價／140元

大展好書 好書大展

大展好書 好書大展